Kochen für Gäste

ANNEMARIE WILDEISEN

Kochen für Gäste

Unkomplizierte Menüs
zum Vorbereiten

AT Verlag

© 2012
AT Verlag, Aarau und München
Fotos: Andreas Fahrni, Bern
Styling: Erika Kengelbacher
Fotoküche: Tina Furer, Tobias Manz, Ursula Weber
Geschirr, Gläser und Küchenutensilien: Globus Tisch & Küche
Bildaufbereitung: Vogt-Schild Druck, Derendingen
Druck und Bindearbeiten: Druckerei Uhl, Radolfzell
Printed in Germany

ISBN 978-3-03800-731-9

www.at-verlag.ch

Inhalt

6   **Vorwort**

7   **Unkompliziertes für Freunde**

13   **Mein Favorit für kühlere Tage**

19   **Winterliche Leichtgewichte**

25   **Raffiniert und festlich für (fast) das ganze Jahr**

31   **Klassiker neu interpretiert**

37   **Erinnerungen an die Wiener Küche**

43   **Wenn der Herbst Appetit macht**

49   **Alles ganz einfach!**

55   **Perfekt kombiniert: Klassische und exotische Gaumenfreuden**

61   **Für unkomplizierte Gäste**

67   **Mit mediterranem Flair**

73   **Kulinarische Reise durch drei Länderküchen**

79   **Herzhaft und würzig**

85   **Gemütlich geniessen**

91   **Feuerwerk der Aromen**

97   **Für Hitze- und andere Sommertage**

103   **Dreisterneküche für zuhause**

109   **Gut vorbereitet ist schon gekocht**

115   **Für Familien- und andere Feste**

121   **Farben, Aromen, Düfte**

127   **Sommerglück**

133   **Mit links gekocht**

139   **Einfach gut**

145   **Schnell und unkompliziert**

151   **Ein elegantes Diner**

157   **Ein Abend wie im Bistro**

163   **Originell traditionell**

169   **Aus asiatischen Küchen**

175   **Preiswert geniessen**

181   **Ein Essen, das alle glücklich macht**

188   **Rezeptverzeichnis**

190   **Verzeichnis der Tipps und Produktinfos**

Vorwort

Dieses Buch präsentiert Ihnen 30 Menüs, die Sie zum Kochen anregen möchten. 30 Menüs, die ich nach saisonalen Gegebenheiten, aber auch nach Themen zusammengestellt habe. Es sind die unterschiedlichsten Gerichte, aber sie haben alle eines gemeinsam: Sie lassen sich gut vorbereiten. Dies ist mir besonders wichtig: Denn Gastgeber sein heisst nicht, dass man bis zum Umfallen in der Küche stehen muss, sondern dass man nach getaner Küchenarbeit genauso geniessen kann wie die Gäste. Und um ehrlich zu sein: Für die Eingeladenen ist es noch angenehmer und schöner, wenn sie sehen, dass auch die Gastgeber Freude am gemeinsamen Zusammensein haben!

Die 30 Menüs sind selbstverständlich nicht in Stein gemeisselt. Ihre Zusammenstellung ist lediglich ein Vorschlag, der aber immer so gewählt ist, dass die Menüteile gut zusammenpassen und sich von den Abläufen und vom Küchentech-nischen her ideal umsetzen lassen. Aber selbstverständlich gibt es noch viele andere Kombinationsmöglichkeiten. Das ist ja das Spannende am Kochen, dass man die Möglichkeit hat, seine eigene «Handschrift» in die Menügestaltung einzubringen. Betrachten Sie deshalb meine Vorschläge für Vorspeisen, Hauptgerichte, Beilagen und Desserts auch als «Bausteine», die nach Lust und Laune, Gelegenheit und Jahreszeit anders kombiniert werden können. Der Arbeitsplan, der am Schluss jedes Menüs aufgelistet ist, soll Ihnen dabei helfen: Dort erfahren Sie, was man wie lange im Voraus zubereiten kann und auf welche Details man im «Endspurt» achten muss. Beim Umsetzen der Rezepte sind Ihnen schliesslich auch die vielen praktischen Tipps in den Randspalten behilflich, damit Sie noch kundiger einkaufen können und die Küchenarbeit noch übersichtlicher wird.

Was immer Sie aus meinen Menüvorschlägen machen, bedenken Sie eines: Wichtig ist, dass Sie mit Freude für Ihre Gäste kochen! Niemand erwartet von Ihnen, dass Sie Profiköche konkurrenzieren, die notabene nicht allein in der Küche stehen, sondern viele helfende Hände zur Verfügung haben. Wenn Ihre Gäste diese Lust und Freude am Selberkochen spüren, ist dies viel mehr wert als jedes Dreisterne-Menü ohne Fehl und Tadel!

Ihre Annemarie Wildeisen

Unkompliziertes für Freunde

Nüsslisalat mit Frischkäsebällchen

**Mariniertes Lammrückenfilet
mit Lorbeerkartoffeln**

Zitronencreme mit Mango

Nüsslisalat mit Frischkäsebällchen

Mariniertes Lammrückenfilet mit Lorbeerkartoffeln

Zitronencreme mit Mango

Nüsslisalat mit Frischkäsebällchen

Für 4 Personen

Die kleinen, von gerösteten Kürbiskernen umhüllten Frischkäsebällchen passen natürlich nicht nur zu Nüsslisalat (Feldsalat), sondern auch zu vielen anderen Blattsalaten. Auf Zahnstocher gespiesst, sind sie zudem ein attrak-tives Apérohäppchen. Geschmackliche Variationen ergeben sich durch die Verwendung von anderen Nüssen und durch die Verwendung von verschiedenen, auch gewürzten Frisch-käsespezialitäten – ein breites Feld, um selber zu tüfteln!

Kürbiskerne
Die kleinen flachen Kerne einiger Kürbissorten werden getrocknet und sind eine beliebte Knabberei oder – kurz geröstet – eine schmackhafte Salatgarnitur. Sie ergeben notabene auch ein köstliches Pesto. Dazu im traditionellen Pestorezept einfach die Pinien- durch Kürbiskerne ersetzen.
Kürbiskerne besitzen wie Nüsse im Allgemeinen einen hohen Fett- (bis 50 Prozent) und Eiweissanteil (35 Prozent) und sind reich an Magnesium, Eisen, Zink, Kupfer und Vitamin E. Vor allem Männer sollten sich an die als gesund gepriesenen Kerne halten: Sie sollen Prostatabeschwerden vorbeugen. Aus den Samen der sogenannten Ölkürbisse wird das hochwertige Kürbiskernöl gewonnen.

Salat:
100 g Kürbiskerne
150 g Nüsslisalat (Feldsalat)
200 g Doppelrahmfrischkäse

Sauce:
4 Esslöffel Weissweinessig
2 Teelöffel Orangen- oder Zitronensaft
2 Teelöffel körniger Senf
Salz, Pfeffer aus der Mühle
8–10 Esslöffel Oliven- oder Rapsöl

1 Die Kürbiskerne in einer Bratpfanne ohne Fettzugabe unter gelegentlichem Wenden leicht rösten. Grob hacken und auf einem kleinen Teller bereitstellen.
2 Den Nüsslisalat waschen und trocken schleudern oder in einem Sieb gut abtropfen lassen.
3 Aus der Frischkäsemasse mit Hilfe von 2 Teelöffeln kleine Bällchen formen. Jedes Bällchen sofort in den Kürbiskernen wälzen. Kühl stellen.
4 In einer Schüssel Essig, Orangen- oder Zitronensaft, Senf, Salz, Pfeffer und Öl mit dem Schwingbesen zu einer sämigen Sauce rühren.
5 Unmittelbar vor dem Servieren den Nüsslisalat mit der Sauce mischen. In tiefen Tellern anrichten und die Frischkäsebällchen daraufsetzen.

Für weniger/mehr Gäste
Die Zutaten können problemlos der Gästezahl entsprechend reduziert oder vervielfacht werden.

Mariniertes Lamm-rückenfilet mit Lorbeerkartoffeln

Für 4 Personen

Eine kräftige Fleischmarinade, die auch die Sauce würzt, sowie die Zubereitungsart der Kartoffeln, die mit einem eingeklemmten Lorbeerblatt dazwischen gebraten werden, machen das Spezielle dieses Gerichts aus. Wer zusätzlich eine Gemüsebeilage wünscht, wählt Karotten, Blumenkohl oder Spinat.

Lorbeerkartoffeln:
600 g mittlere Kartoffeln
1 Zweig frische Lorbeerblätter
Salz, schwarzer Pfeffer aus der Mühle
2 Esslöffel Olivenöl

Fleisch:
1 Zitrone
4 Knoblauchzehen
1 Esslöffel Koriandersamen
1 Teelöffel Kreuzkümmel
1 Bund Petersilie
3–4 Lammrückenfilets, insgesamt etwa 500 g
Salz, schwarzer Pfeffer aus der Mühle
2–3 Esslöffel Olivenöl
100 ml weisser Portwein
200 ml Kalbsfond oder Gemüsebouillon

1 Den Backofen auf 80 Grad vorheizen. Eine Platte mitwärmen.

2 Die Kartoffeln waschen, waagrecht zwei Drittel tief einschneiden und je 1 Lorbeerblatt in die Einschnitte stecken. Die Kartoffeln mit Salz und Pfeffer würzen.

3 Die Schale der Zitrone fein abreiben und den Saft auspressen. Den Knoblauch schälen und in feine Scheibchen schneiden. Koriander und Kreuzkümmel im Mörser grob zerstossen. Die Petersilie fein hacken. Alle diese Zutaten in einer Schüssel verrühren.

4 Die Lammrückenfilets mit Salz und Pfeffer würzen. In einer Bratpfanne das Öl rauchheiss erhitzen. Die Lammrückenfilets darin rundum je nach Dicke 3–4 Minuten scharf anbraten. Dann die Hitze reduzieren, die Zitronenmarinade über die Lammfilets verteilen und alles sofort auf die vorgewärmte Platte geben. Im 80 Grad heissen Ofen 30–40 Minuten nachgaren lassen. Den Bratensatz mit dem Portwein auflösen und durch ein feines Sieb in einen kleinen Topf giessen. Beiseitestellen.

5 Inzwischen in einer Bratpfanne die Kartoffeln im heissen Olivenöl zuerst auf mittlerem Feuer zugedeckt 20 Minuten, dann bei kleiner Hitze ungedeckt weitere 10–15 Minuten fertig braten.

6 Den Fond oder die Bouillon zum Portweinjus geben und alles auf grossem Feuer gut zur Hälfte einkochen. Beiseitestellen.

7 Vor dem Servieren die Marinade von den Lammfilets zur Saucenreduktion geben, diese aufkochen und wenn nötig mit Salz sowie Pfeffer abschmecken.

8 Zum Servieren die Lammrückenfilets schräg in Scheiben schneiden, auf vorgewärmten Tellern anrichten, mit Sauce beträufeln und die Kartoffeln rundum verteilen.

Für weniger/mehr Gäste
2 Personen: Zutaten halbieren.
6 Personen: Marinade in der rezeptierten Menge zubereiten, restliche Zutaten in der 1½-fachen Menge verwenden.
8 Personen: Marinade und Sauce in 1½-facher Menge zubereiten, restliche Zutaten verdoppeln.

Welches Fleischstück sich auch noch eignet
– Schweinsfilet: Anbraten je nach Grösse 4–5 Minuten. Nachgarzeit etwa 1½ Stunden.
– Pouletbrust: Anbraten je nach Grösse 3–4 Minuten. Nachgarzeit etwa 1 Stunde.

Lorbeerblätter
Lorbeerblätter liegen oft viel zu lange in Einkaufs- und Küchenregalen, sodass sie ihr intensives Aroma verlieren und nur noch bitter schmecken. Wollen Sie sich ein völlig neues Würzerlebnis gönnen? Dann verwenden Sie in Zukunft nicht mehr getrockneten, sondern frischen Lorbeer. Am besten kauft man sich im Gartenfachgeschäft ein Mini-Lorbeerbäumchen im Topf und stellt es in der Küche an einen hellen, warmen Platz. Auf diese Weise hat man ganzjährig frische Lorbeerblätter zur Verfügung. Die Lorbeerblätter vor der Verwendung unbedingt an den Rändern mit einer Schere mehrmals einschneiden, damit sich die Würzöle freisetzen können. Lorbeerblätter dienen in einem Gericht nur zum Aromatisieren und werden nicht mitgegessen.

Zitronencreme mit Mango

Ergibt 4–6 Portionen

Erfrischend leicht ist diese Zitronencreme mit Mangopüree. Im Sommer, wenn es frische Beeren und Früchte in Hülle und Fülle gibt, kann man sie selbstverständlich auch mit diesen zubereiten. Sehr gerne mag ich diese Creme mit Erdbeer-, Himbeer- oder Pfirsichpüree. Wie die schöne Karamellgarnitur entstanden ist? Ganz einfach: Kochen Sie 75 g Zucker mit 100 ml Wasser zu einem hellen Karamell. Dann mit einem Esslöffel auf ein leicht geöltes oder bebuttertes Back-papier kreuz und quer dünne Karamellfäden ziehen. Vorsicht beim Arbeiten mit dem heissen Karamell: Man kann sich tüchtig verbrennen, wenn man nicht aufpasst!

Mangopüree:
1 Mango
Saft von ½ Zitrone
2 Esslöffel Zucker

Creme:
fein abgeriebene Schale von 1 Zitrone
Saft von 2 Zitronen
75 g Zucker
2 Becher saurer Halbrahm oder griechischer Joghurt (insgesamt 360 g)
150 ml Rahm
nach Belieben etwas Minze zum Garnieren

1 Die Mango schälen, das Fruchtfleisch vom Stein schneiden und mit dem Zitronensaft und Zucker fein pürieren.
2 Für die Creme abgeriebene Zitronenschale, Zitronensaft, Zucker und sauren Halbrahm oder griechischen Joghurt verrühren.
3 Den Rahm gut steif schlagen und unter die Zitronencreme ziehen.
4 Etwas Zitronencreme in 4–6 Dessertgläsern anrichten. Etwa ⅔ des Mangopürees daraufgeben und mit Zitronencreme abschliessen. Bis zum Servieren kühl stellen.
5 Unmittelbar vor dem Servieren das restliche Mangopüree dekorativ auf der Zitronencreme verteilen und diese nach Belieben mit gesponnenen Zuckerfäden (siehe Einleitung), einem Minzeblatt oder hauchdünnen Schokoladentäfelchen mit Orangenaroma garnieren.

Für weniger/mehr Gäste
2 Personen: Mangopüree in ½ der Menge zubereiten; wenn erhältlich, eine kleine Mango aus Indien oder Thailand verwenden (Asia-Shops). Restliches Rezept in ⅓ der Menge zubereiten.
8 Personen: Das Dessert in 1½-facher Menge zubereiten.

Der Arbeitsplan

Am Vorabend oder 8–10 Stunden vorher
– Frischkäsebällchen zubereiten.
– Nüsslisalat waschen; in Plastikbeutel aufbewahren.
– Salatsauce zubereiten.
– Mangopüree und Zitronencreme zubereiten, jedoch noch nicht anrichten.

1 Stunde vor dem Servieren des Hauptgerichts
– Marinade für das Fleisch zubereiten.
– Fleisch anbraten und nachgaren lassen.
– Saucenreduktion zubereiten.
– Kartoffeln vorbereiten und braten.

Vor dem Essen
– Salat fertigstellen und anrichten.

Vor dem Servieren des Hauptgerichts
– Sauce fertigstellen.

Nach dem Hauptgang
– Dessert anrichten.

Mein Favorit für kühlere Tage

Doppeltes Kartoffelcremesüppchen

Kalbsbraten in Senfkörner-
Kräuter-Hülle mit Zwiebel-Pilaw

Grapefruitsalat mit Passionsfrüchten

Doppeltes Kartoffelcremesüppchen

Kalbsbraten in Senfkörner-Kräuter-Hülle mit Zwiebel-Pilaw

Grapefruitsalat mit Passionsfrüchten

15

Doppeltes Kartoffelcremesüppchen

Für 6–8 Personen

«Doppelt» heisst diese würzige Wintersuppe deshalb, weil Kartoffeln nicht nur das Aroma bestimmen, sondern zündholzähnlich geschnitten und kross gebraten auch eine feine Einlage ergeben. Eine raffinierte Note erhält die Suppe, wenn man sie nach dem Anrichten mit wenig Trüffelöl parfümiert. Und für mich immer wieder ein besonderes Highlight: Einmal in der Saison schwarze oder weisse Trüffel darüberhobeln!

2 grosse Schalotten
100 g Stangensellerie
500 g mehligkochende Kartoffeln für die Suppe
25 g Butter
¾ l Gemüse- oder Hühnerbouillon
100 g Kartoffeln für die Einlage
1½–2 Esslöffel Bratbutter
150 ml Rahm
Salz, schwarzer Pfeffer aus der Mühle

1 Die Schalotten schälen und fein hacken. Den Stangensellerie rüsten, dabei die groben Fäden abziehen. Schönes Selleriegrün für die Garnitur grob hacken und beiseitestellen. Den Stangensellerie in Scheibchen schneiden. Die Kartoffeln schälen und in kleine Würfel schneiden.
2 In einem Topf die Butter erhitzen. Schalotten und Stangensellerie darin unter Wenden 2–3 Minuten dünsten. Die Kartoffeln sowie die Hühnerbouillon beifügen und alles zugedeckt etwa 20 Minuten weich kochen. Dann im Mixer oder mit dem Stabmixer fein pürieren.
3 Während die Suppe kocht, die zweite Portion Kartoffeln für die Einlage schälen. In feinste zündholzgrosse Stifte schneiden. Kurz unter kaltem Wasser spülen und auf ein sauberes Küchentuch geben. Gut trocknen.
4 In einer beschichteten Bratpfanne die Bratbutter erhitzen. Die Kartoffelstifte darin goldbraun braten. Auf Küchenpapier abtropfen lassen.
5 Den Rahm steif schlagen.

6 Unmittelbar vor dem Servieren die Suppe nochmals aufkochen. Den geschlagenen Rahm dazugeben und die Suppe eventuell kurz mit dem Stabmixer schaumig aufschlagen. Mit Salz und Pfeffer abschmecken. Die Suppe in vorgewärmte Tassen oder tiefe Teller anrichten. Die Kartoffelstifte sowie das Stangenselleriegrün dekorativ darüber verteilen.

Für weniger/mehr Gäste
3–4 Personen: Zutaten halbieren.
10–12 Personen: Suppe je nach Appetit der Gäste in 1½-facher oder doppelter Menge zubereiten.

Kalbsbraten in der Senfkörner-Kräuter-Hülle

Für 6 Personen

Diesen zarten Kalbsbraten würzt für einmal nicht fertiger Senf aus der Tube oder dem Glas, sondern es sind ganze Senfkörner, die eine überraschend weiche Konsistenz und eine angenehm pikante Schärfe haben. Dazu kombiniere ich eine leichte Senfrahmsauce, die übrigens auch zu vielen anderen Fleischstücken passt (siehe Vorschläge im Tipp zu diesem Rezept).
Noch eine Bemerkung zur Fleischmenge: Im Durchschnitt rechnet man pro Person etwa 150 g Fleisch, aber junge Leute und Männer essen – wenn es ihnen schmeckt – gerne auch grössere Mengen. Das Gleiche gilt übrigens auch für das Kartoffelsuppenrezept.

1 Bund Petersilie
½ Bund Basilikum
je 4 Esslöffel schwarze und gelbe Senfkörner
800 g–1 kg Kalbsnierstück
Salz, schwarzer Pfeffer aus der Mühle
1 Eiweiss
4 Esslöffel Olivenöl
100 ml Noilly Prat oder weisser Portwein
200 ml Weisswein
½ Hühner- oder Gemüsebouillonwürfel
150 g Crème fraîche
50 ml Vollrahm
1 Esslöffel Senf
1 Prise Zucker

Welches Fleischstück sich auch noch eignet
– Schweinsnierstück: Gleiche Zubereitung wie Kalbnierstück.
– Lammhüftchen: Anbraten 5 Minuten im oberen Drittel des Ofens. Nachgarzeit je nach Dicke ¾–1 Stunde. Fertiggaren: 5 Minuten in aufsteigender Hitze.
– Lammrückenfilet: Anbraten 5 Minuten im oberen Drittel des Ofens. Nachgarzeit ½–¾ Stunde. Fertiggaren: 4–5 Minuten in aufsteigender Hitze.

1 Den Backofen auf 230 Grad vorheizen.

2 Petersilie und Basilikum fein hacken. Die Senfkörner im Mörser oder mit dem Boden einer Pfanne grob zerdrücken. Kräuter und Senfkörner mischen.

3 Das Kalbsnierstück mit Salz und Pfeffer rundum würzen und in eine Schüssel geben. Das Eiweiss flaumig schlagen und über das Fleisch giessen. Dann dieses in die Senfkörner-Kräuter-Mischung legen und wenden, bis das Fleischstück gut damit überzogen ist. In eine feuerfeste Form geben.

4 Das Olivenöl rauchheiss erhitzen. Das Kalbs-nierstück damit beträufeln. In der Mitte des 230 Grad heissen Ofens einschieben und 8 Minu-ten anbraten. Dann die Ofentemperatur auf 80 Grad reduzieren und die Ofentüre einige Minu-ten geöffnet lassen, damit die Temperatur rasch absinkt. Das Fleisch 1½–1¾ Stunden garen.

5 Inzwischen Noilly Prat, Weisswein und Bouil-lonwürfel auf etwa 100 ml einkochen. Crème fraîche, Vollrahm und Senf verrühren und bei-fügen. Die Sauce noch so lange weiter kochen, bis sie cremig bindet. Mit Salz, Pfeffer und Zucker abschmecken. Beiseitestellen.

6 Am Ende der Nachgarzeit des Fleisches die Ofentemperatur wieder auf 230 Grad einstellen und das Fleisch 6–7 Minuten in der aufsteigen-den Hitze Temperatur annehmen lassen.

7 Gleichzeitig die Sauce nochmals aufkochen. Den Kalbsbraten in Scheiben aufschneiden, auf vorgewärmten Tellern anrichten und mit etwas Sauce umgiessen.

Für weniger/mehr Gäste
Weniger Gäste: Der Kalbsbraten eignet sich nicht für die Zubereitung in kleinerer Menge.
8–10 Personen: Das Rezept in 1½-facher Menge zubereiten.
12 Personen: Das Rezept in doppelter Menge zubereiten.

Zwiebel-Pilaw

Für 6 Personen als Beilage

Dieses Reisgericht mit Frühlingszwiebeln, Mandeln, Pinienkernen, Rosinen, Safran und Zimt ist eine ungewöhnliche Beilage, kann aber – zum Beispiel mit einem Blattsalat oder einem Gemüse-Antipasto – auch eine eigen-ständige Mahlzeit sein. Es eignet sich deshalb

auch gut, wenn Vegetarier am Tisch sind: Die einen essen Fleisch mit Reis, die anderen Reis und Salat oder Gemüse.

2 grosse Bund Frühlingszwiebeln
1 Esslöffel Butter
2 Esslöffel Olivenöl
80 g Mandelstifte
30 g Pinienkerne
½ Teelöffel gemahlener Zimt
100 g Rosinen
1 Esslöffel Butter
300 g Parboiled-Langkornreis
(z. B. Uncle Ben's)
1 grosse Prise Nelkenpulver
einige Umdrehungen schwarzer Pfeffer
1 Briefchen Safranpulver
600 ml Gemüsebouillon
Salz
1 Bund glattblättrige Petersilie

1 Das schöne Grün der Frühlingszwiebeln in dünne Ringe schneiden, das Weisse grob hacken.

2 In einer beschichteten Bratpfanne oder in einem weiten Topf den ersten Esslöffel Butter sowie das Olivenöl erhitzen. Die Frühlings-zwiebeln darin bei mittlerer Hitze 2–3 Minuten braten. Dann die Temperatur höher stellen. Mandeln und Pinienkerne beifügen und unter Wenden alles weitere 3–4 Minuten braten; die Zutaten dürfen dabei leicht Farbe annehmen. Vom Feuer nehmen und den Zimt sowie die Rosinen untermischen.

3 In einem weiteren Topf den zweiten Esslöffel Butter schmelzen. Den Reis hineingeben, mit Nelkenpulver und Pfeffer würzen und kurz anrösten. Den Safran in der Bouillon auflösen und diese beifügen. Den Reis aufkochen, dann zugedeckt auf mittlerem bis kleinem Feuer 10–12 Minuten kochen lassen, bis der Reis die Bouillon aufgenommen hat.

4 Nun die Zwiebelmischung unterheben. Den Reis zugedeckt auf der ausgeschalteten Herd-platte 5–10 Minuten nachziehen lassen; mit Salz abschmecken. Die Petersilie hacken und vor dem Servieren locker unter den Reis mischen.

Für weniger/mehr Gäste
2–3 Personen: Zutaten halbieren. Reste des Zwiebel-Pilaws können 2–3 Tage aufbewahrt und gut aufgewärmt beziehungsweise gebraten werden.
8–9 Personen: Das Rezept in 1½-facher Menge zubereiten.

Senfkörner
Die gelblichen Senfkörner, die vom sogenannten Weissen Senf stammen, kennt man von den ein-gemachten Gurken. Ebenfalls ur-sprünglich aus Europa stammen die heute weltweit angebauten schwar-zen Senfkörner, die ein sehr viel schärferes und brennendes Aroma haben. Die dritte Sorte schliesslich sind die braunen Senfkörner aus Indien; sie schmecken zuerst leicht bitter, dann scharf und aromatisch. Alle Senfkörner haben eine relativ weiche Konsistenz und können deshalb ganz oder zerstossen ver-wendet werden. Interessant ist in diesem Zusammenhang, dass sich die Schärfe der Körner erst entwickelt, wenn sie gemahlen und mit Wasser vermengt werden. Für Senfmischungen werden die Körner eingeweicht und dann mit einer sauren Flüssigkeit wie Wein, Essig usw. gemixt.
Gelbe Senfkörner sind in grossen Lebensmittelgeschäften, Drogerien oder Apotheken erhältlich, schwarzer und brauner Senf in Geschäften mit grossem Gewürzsortiment oder in Asia-Shops.

Grapefruitsalat mit Passionsfrüchten

Für 6 Personen

Dieses Dessert ist in jeder Hinsicht perfekt: schnell zubereitet, raffiniert in den Aromen und erfrischend leicht. Und wenn Sie sich die Bilder im Randtipp anschauen, ist das sogenannte Filetieren der Grapefruits, das heisst das Herausschneiden der einzelnen Schnitze auch keine Hexerei. Das Einzige, was es dazu braucht, ist ein scharfes Messer, dann geht es fast von allein.

6 rosa Grapefruits
6 Päckchen Bourbon-Vanillezucker
12 Passionsfrüchte
150 g Doppelrahm
nach Belieben 6 kleine Zweiglein Minze
und/oder wenig geröstete Mandelblättchen
für die Garnitur

1 Mit einem scharfen Messer von jeder Grapefruit oben und unten einen Deckel abschneiden (→Randtipp Bild A). Dann die Früchte auf die Arbeitsfläche stellen und die Schale mitsamt der weissen Haut rundum von oben nach unten abschneiden (→Bild B). Zuletzt die Schnitze aus den Trennhäuten schneiden, sodass schöne Filets entstehen (→Bild C).
2 Die Grapefruitschnitze lagenweise mit dem Vanillezucker in 6 Dessertgläser verteilen.

3 Die Passionsfrüchte halbieren und das Fruchtfleisch mit einem kleinen Löffel in ein Schüsselchen schaben. Wen die Kerne der Passionsfrüchte stören, der streicht das Fruchtfleisch nach dem Auslösen durch ein grobes Sieb. Über die Grapefruits verteilen. Das Dessert mindestens 15 Minuten, besser aber länger kühl stellen.
4 Unmittelbar vor dem Servieren je 1–1½ Esslöffel Doppelrahm über das Dessert geben und nach Belieben mit Minze und/oder Mandelblättchen garnieren.

Für weniger/mehr Gäste
2 Personen: Rezept in ⅓ der Menge zubereiten.
4 Personen: Rezept in ⅔ der Menge zubereiten.
8 Personen und mehr: Rezept entsprechend der Gästezahl vervielfachen.

→ Zitrusfrüchte filetieren

A Mit einem scharfen Messer von der Zitrusfrucht oben und unten je einen Deckel abschneiden.

B Dann die Frucht auf die Arbeitsfläche stellen und die Schale mitsamt der weissen Haut rundum von oben nach unten abschneiden.

C Zuletzt die Schnitze aus den Trennhäuten schneiden, sodass schöne Filets entstehen.

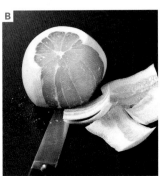

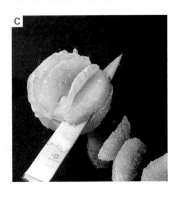

Der Arbeitsplan

Am Vorabend oder 8–10 Stunden vorher
– Die Suppe bis und mit Punkt 2 zubereiten.
– Die Sauce für das Fleisch (Punkt 5) zubereiten.

6 Stunden vorher
– Das Dessert zubereiten.

2 Stunden vorher
– Zwiebel-Pilaw bis und mit Punkt 2 vorbereiten.
– Kalbsbraten zubereiten.
– Kartoffeln für die Suppeneinlage schneiden; Kartoffelstifte in kaltem Wasser aufbewahren.

Vor dem Essen
– Kartoffelstifte gut trocknen und braten.
– Reis zubereiten (Punkt 3).
– Suppe aufkochen und fertigstellen.

Nach der Vorspeise
– Zwiebel-Pilaw fertigstellen (Punkt 4).
– Fleisch fertigstellen.
– Sauce aufkochen.

Nach dem Hauptgang
– Dessert fertigstellen.

Winterliche Leichtgewichte

Rohschinken-Carpaccio

Lauch-Pot-au-feu mit Pouletbrüstchen

Birnen aus dem Orangensud

Rohschinken-Carpaccio

Lauch-Pot-au-feu mit Pouletbrüstchen

Birnen aus dem Orangensud

Rohschinken-Carpaccio

Für 4 Personen

Ein ungewöhnliches Carpaccio: Dünn aufgeschnittener Rohschinken wird mit einer würzigen Thymian-Wacholder-Sauce beträufelt und mit kleinen Preiselbeerkrapfen serviert. Im Herbst und Winter bereite ich diese unkomplizierte Vorspeise oft mit Wildschwein-Rohschinken zu.

Preiselbeerkrapfen:
100 g Blätterteig
3 Esslöffel Preiselbeerkonfitüre
1 Esslöffel Johannisbeergelee
1 Eigelb

Carpaccio:
2 Esslöffel Balsamicoessig
1 Teelöffel Zitronensaft
1 Teelöffel grobkörniger Senf
Salz, schwarzer Pfeffer aus der Mühle
4 Esslöffel Olivenöl
2 Wacholderbeeren
4 Zweige Thymian
Salz, Pfeffer aus der Mühle
50 g Kresse
200 g dünn aufgeschnittene Rohschinkenscheiben

1 Für die Preiselbeerkrapfen den Blätterteig dünn auswallen und 8 Rondellen von je 7 cm Durchmesser ausstechen. Preiselbeerkonfitüre und Johannisbeergelee mischen, jeweils in die Mitte von 4 Rondellen verteilen, sodass ein Rand bleibt. Die Ränder mit Eigelb bestreichen und mit einer zweiten Rondelle abdecken (→Bild Randtipp). Die Ränder rundum mit einer Gabel gut festdrücken. Die Krapfen mit Eigelb bestreichen. Kurz kühl stellen.
2 Den Backofen auf 200 Grad vorheizen.
3 Die Krapfen in der Mitte des 200 Grad heissen Ofens 10–12 Minuten backen.

4 Für das Carpaccio Balsamicoessig, Zitronensaft, Senf, Salz, Pfeffer und Öl verrühren. Die Wacholderbeeren im Mörser fein zerstossen. Die Thymianblättchen von den Zweigen zupfen und fein hacken. Thymian und Wacholder zur Sauce geben.
5 Die Kresse waschen und sehr gut abtropfen lassen.
6 Vor dem Servieren den Rohschinken dekorativ auf 4 Tellern auslegen. Etwas Kresse in die Mitte setzen. Die Sauce über Rohschinken und Kresse träufeln. Die Preiselbeerkrapfen halbieren und neben das Carpaccio setzen.

Für weniger/mehr Gäste
2 Personen: Zutaten halbieren.
6 Personen: Rezept in 1½-facher Menge zubereiten.
8 Personen und mehr: Rezept entsprechend der Gästezahl vervielfachen.

→ Preiselbeerkrapfen
Die Konfitürenmischung so auf die Teigrondellen verteilen, dass ein Rand bleibt. Die Ränder mit Eigelb bestreichen und mit einer zweiten Rondelle decken.

Lauch-Pot-au-feu mit Pouletbrüstchen

Für 4 Personen

Dass man aus einfachen und preiswerten Zutaten wie Lauch, Karotten und Poulet durchaus raffinierte Gerichte zubereiten kann, zeigt eines meiner liebsten Winterrezepte. Es lässt sich übrigens auch mit Wirz (Wirsing) variieren. Dafür eher kleine Kohlköpfe verwenden und diese zum Garen in Schnitze schneiden. Sie haben eine etwas längere Garzeit als der Lauch.

800 g Lauch, gerüstet gewogen (siehe auch Randtipp)
2 mittlere Karotten
150 ml Weisswein
300 ml Hühner- oder Gemüsebouillon
4 Pouletbrüstchen
100 g Doppelrahm
50 g Butter
Salz, Pfeffer aus der Mühle
1 Bund Schnittlauch

1 Den Lauch rüsten und schräg in etwa 5 cm lange Stücke schneiden.
2 In einer weiten Pfanne wenig Salzwasser aufkochen. Den Lauch darin nur gerade bissfest garen; dies dauert höchstens 2–3 Minuten. Sofort abschütten und kalt abschrecken. Falls vorhanden, kann der Lauch auch im Steamer knackig gegart werden.
3 Die Karotten schälen und klein würfeln.
4 Weisswein, Bouillon und Karotten in einen mittleren Topf geben, aufkochen und 3–4 Minuten lebhaft kochen lassen.
5 Die Pouletbrüstchen in den Sud legen und zugedeckt auf kleinstem Feuer je nach Dicke 12–15 Minuten gar ziehen lassen. Nach der Hälfte der Garzeit wenden. Wichtig: Der Sud darf nie kochen!

6 Die Pouletbrüstchen aus dem Sud nehmen und in doppelt gefaltete Alufolie wickeln. Die Karotten ebenfalls herausheben und zum Lauch geben. Den Sud auf grossem Feuer auf die Hälfte einkochen lassen.
7 Den Schnittlauch in Röllchen schneiden.
8 Den Doppelrahm zum eingekochten Sud geben und die Sauce nochmals kurz einkochen lassen. Dann die Butter in Flocken mit dem Stabmixer untermixen. Die Sauce mit Salz und Pfeffer abschmecken. Nun Lauch, Karotten und die Hälfte des Schnittlauchs beifügen und alles nur noch gut heiss werden lassen.
9 Lauch, Karotten und Sauce in vorgewärmte tiefe Teller verteilen. Das Poulet schräg in Scheiben aufschneiden und auf dem Lauch-Pot-au-feu anrichten. Mit dem restlichen Schnittlauch bestreuen und sofort servieren.

Wer eine Beilage wünscht, serviert Salzkartoffeln oder Reis dazu.

Für weniger/mehr Gäste
2 Personen: Zutaten halbieren, jedoch für den Sud 100 ml Weisswein und ¼ l Bouillon verwenden.
6 Personen: Rezept in 1½-facher Menge zubereiten, jedoch für den Sud nur 200 ml Weisswein und 350 ml Bouillon verwenden.
8 Personen: Rezept in doppelter Menge zubereiten, jedoch für den Sud nur ¼ l Weisswein und ½ l Bouillon verwenden.

Lauchsorten
Es macht einen Unterschied, ob man Gemüselauch, auch grüner Lauch genannt, oder Bleichlauch verwendet. Bleichlauch wird während des Wachstums zugedeckt, sodass sich die dunkelgrünen Blattteile nicht mehr entwickeln können. Gemüselauch hingegen besitzt einen kräftigen, dicken Schaft mit oben ausgeprägt dunkelgrünen Blättern. Dementsprechend gross ist der Rüstabfall, denn es werden in der Regel nur die weissen Stangen und der hellgrüne Teil der Blätter verwendet. Die groben grünen Lauchabschnitte und den Wurzelansatz schneidet man weg. Im Gegensatz zum grünen Lauch erfordert Bleichlauch kaum Rüstarbeit. Man schneidet nur gerade die angetrockneten Enden dünn ab. Bleichlauch schmeckt jedoch wesentlich weniger aromatisch als sein grüner Bruder.

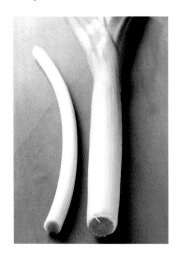

Birnen aus dem Orangensud

Für 4 Personen

Voraussetzung für das gute Gelingen dieses unkomplizierten und gut vorzubereitenden Desserts sind vollreife Birnen. Früchte, die noch hart sind, werden auch durch Kochen im würzigen Orangen-Weisswein-Sud nicht richtig weich. Die Birnen schmecken sowohl lauwarm wie ausgekühlt, aber besser nicht aus dem Kühlschrank. Gelegentlich wandle ich den Sud ab: Weil ich Passionsfrüchte über alles liebe, gebe ich manchmal anstelle der dritten Orange das ausgeschabte und durchpassierte Fruchtfleisch von zwei Passionsfrüchten zum Sud.

3 unbehandelte Orangen
150 ml Weisswein
nach Belieben 2 Esslöffel Grand Marnier
oder Cointreau
50 g Zucker
4 reife Birnen

Zum Servieren:
4 Kugeln Vanilleglace

1 Eine Orange heiss waschen und die Hälfte der Schale fein abreiben (nur die farbige Schale, der weisse Schalenteil schmeckt bitter!). Den Saft der 3 Orangen auspressen.
2 Orangensaft, Orangenschale, Weisswein, nach Belieben Orangenlikör sowie Zucker in einen mittleren Topf geben. Alles aufkochen und dann auf mittlerem Feuer etwa 5 Minuten kochen lassen.
3 Inzwischen die Birnen schälen, halbieren und das Kerngehäuse herausschneiden.
4 Die Birnenhälften in den leicht kochenden Orangensud legen und zugedeckt weich garen. Die genaue Kochzeit hängt vom Reifegrad und von der Birnensorte ab. Nach etwa 5 Minuten mit einem spitzen Messer in die Birnen stechen, um den Garpunkt zu prüfen.
5 Sobald die Birnen weich sind, mit einem Schaumlöffel aus dem Sud heben und in eine Schüssel geben. Den Sud offen auf grossem Feuer etwa zur Hälfte einkochen lassen. Noch heiss über die Birnen giessen.
6 Zum Servieren die lauwarmen oder ausgekühlten Birnen mit je etwas Orangensud sowie 1 Kugel Vanilleglace in tiefen Tellern anrichten.

Für weniger/mehr Gäste
2 Personen: Zutaten halbieren, jedoch für den Sud den Saft von 2 Orangen sowie 100 ml Weisswein verwenden.
6 Personen: Rezept in 1½-facher Menge zubereiten.
8 Personen: Rezept in doppelter Menge zubereiten.

Der Arbeitsplan

6–8 Stunden vorher
– Preiselbeerkrapfen zubereiten und backen.
– Sauce für Carpaccio zubereiten.
– Kresse waschen. In Plastikbeutel im Gemüsefach aufbewahren.
– Birnen zubereiten. Nach dem Abkühlen zugedeckt bei Zimmertemperatur aufbewahren.

2 Stunden vorher
– Lauch sowie Sud für Pouletbrüstchen zubereiten (bis Punkt 4). Beides nur zudecken, nicht kühl stellen.

Vor dem Essen
– Preiselbeerkrapfen im 180 Grad heissen Ofen 2–3 Minuten aufwärmen.
– Carpaccio anrichten.
– Sud aufkochen und Pouletbrüstchen zubereiten.

Vor dem Servieren des Hauptgerichts
– Sud einkochen lassen und Sauce fertigstellen.

Nach dem Hauptgang
– Nach Belieben Birnen nochmals leicht erwärmen.
– Dessert anrichten.

Raffiniert und festlich für (fast) das ganze Jahr

Steinpilzsüppchen mit Trüffelrahmhaube

Entrecôte double auf Salzbett mit Currykarotten

Ananas-Carpaccio

Steinpilzsüppchen mit Trüffelrahmhaube

Entrecôte double auf Salzbett mit Currykarotten

Ananas-Carpaccio

Steinpilzsüppchen mit Trüffelrahmhaube

Für 6–7 Personen

Mit einem Paukenschlag beginnt dieses Menü: Ein charaktervolles Pilzsüppchen wird veredelt mit einem Trüffelrahmhäubchen. Aber es geht natürlich auch weniger luxuriös. Man kann die fein geschnittenen Trüffel weglassen und stattdessen einfach einige Tropfen Trüffelöl zum geschlagenen Rahm geben. Gut schmeckt in diesem Fall die Beigabe von etwas sehr fein gehacktem Basilikum. Eine andere, festliche Variante, die aufwendiger tönt, als sie ist: Die Suppe mit einem Blätterteigdeckel im Ofen überbacken (siehe Randtipp).

Suppe:

30 g getrocknete Steinpilze
100 ml Noilly Prat oder weisser Portwein
100 ml Weisswein
150 g mehligkochende Kartoffeln
1 kleine Karotte
1 Stück Sellerie in der Grösse der Karotte
1 Schalotte
1 Knoblauchzehe
2–3 Esslöffel Olivenöl
800 ml Gemüsebouillon
4–6 Zweige Thymian
100 ml Rahm
Salz, schwarzer Pfeffer aus der Mühle
wenig Zitronensaft

Trüffelrahm:

1 Esslöffel eingelegte schwarze Trüffelscheibchen aus dem Glas
100 ml Rahm
Salz

1 Die Steinpilze unter fliessendem Wasser gründlich spülen. In eine kleine Schüssel geben. Noilly Prat und Weisswein aufkochen und über die Pilze giessen. 10–15 Minuten ziehen lassen.
2 Inzwischen Kartoffeln, Karotte und Sellerie schälen und in kleine Würfel schneiden. Die Schalotte und die Knoblauchzehe schälen und hacken.

3 In einem mittleren Topf das Olivenöl erhitzen. Schalotte und Knoblauch darin glasig dünsten. Dann Kartoffeln, Karotten und Sellerie beifügen und mitdünsten. Die Steinpilze mitsamt Einweichflüssigkeit sowie die Bouillon dazugiessen. Die Thymianzweige beigeben. Alles zugedeckt etwa 30 Minuten leise kochen lassen.
4 Den Rahm zur Suppe geben und nochmals aufkochen. Die Thymianzweige entfernen. Die Suppe mit Salz, Pfeffer und einigen Tropfen Zitronensaft abschmecken. Mit dem Stabmixer sehr fein pürieren und durch ein feines Sieb giessen. Beiseite- oder kühl stellen.
5 Die Trüffelscheibchen fein hacken. Den Rahm steif schlagen. Leicht salzen, dann die Trüffel sowie etwas Jus aus dem Glas beifügen. Bis zum Servieren kühl stellen.
6 Vor dem Servieren die Suppe nochmals aufkochen, wenn nötig mit Wasser leicht verdünnen und abschmecken. In tiefe vorgewärmte Teller oder Tassen anrichten und etwas Trüffelrahm als Haube daraufsetzen.

Als kleine dekorative Beilage passen pikante Prussiens mit Rohschinken und Rosmarin.

Für weniger/mehr Gäste
2–4 Personen: Zutaten halbieren. Reste der Suppe halten sich im Kühlschrank problemlos 2–3 Tage.
8 und mehr Personen: Serviert man nur ein kleines Tässchen Suppe, reicht die rezeptierte Menge auch für 8 Personen. Ansonsten die Rezeptmenge entsprechend der Gästezahl vervielfachen.

Entrecôte double auf Salzbett

Für 6 Personen

Nicht in Salz gehüllt, sondern auf einem Salzbett liegend, werden diese zarten Rindfleischstücke gegart. Dies verleiht ihnen ein zart-würziges Salzaroma. Wichtig bei diesem Rezept ist, dass das Salzbett vorgebacken wird, sonst entzieht es dem Fleisch Wärme und bewirkt, dass es auf der unteren Seite noch fast roh und oben durchgebacken ist. Statt Langpfeffer (siehe auch Randtipp rechts) kann man notfalls auch getrockneten grünen oder roten Pfeffer verwenden, den man im Mörser zerstösst.

Variation:
Suppe mit Blätterteigdeckel
Die Suppe vollständig erkalten lassen. Aus Blätterteig 8 Rondellen ausstechen, die im Durchmesser etwa 2 cm grösser sind als die Tassen oder Schalen, in denen man die Suppe später überbackt. Die kalte Suppe in die Tassen füllen, den Trüffelrahm darauf verteilen. Den Rand der Teigrondellen mit etwas Eiweiss bestreichen und mit der bestrichenen Seite nach unten locker über die Tassen legen. Den Rand gut andrücken. 1 Eigelb und wenig Rahm verrühren und die Teigoberfläche damit bestreichen. Die so vorbereiteten Suppentassen bis zum Überbacken kühl stellen. Vor dem Servieren die Suppentassen auf ein Backblech stellen und in der Mitte des 180 Grad heissen Ofens etwa 20 Minuten backen.

Fleisch:

2 Entrecôtes doubles, je etwa 400 g
Langpfeffer, frisch gemahlen
50 ml Olivenöl

Salzbett:

800 g mittelgrobes Salz
4 Zweige Rosmarin
½ Bund Thymian
6 Lorbeerblätter

1 Die Entrecôtes etwa 1 Stunde vor der Zubereitung aus dem Kühlschrank nehmen.
Von allen Seiten mit der Hälfte des Olivenöls
einstreichen und sehr grosszügig mit dem
gemahlenen Langpfeffer bestreuen.

2 Das Salz in eine Schüssel geben. Die Rosmarin-
nadeln abzupfen. Die Thymianzweige je nach
Grösse zwei- bis dreimal durchschneiden.
Die Lorbeerblätter dem Rand entlang mit einer
Schere einschneiden. Alle Kräuter zum Salz
geben. 3–4 Esslöffel Wasser beifügen und gut
mischen. Auf einem mit Backpapier belegten
Ofenblech ein Salzbett von etwa 1½ cm
Höhe formen, glatt streichen und gut fest-
drücken (→ Randtipp).

3 Den Backofen auf 230 Grad vorheizen.

4 Das Salzbett auf dem Blech im 230 Grad
heissen Ofen auf der zweituntersten Rille
einschieben und 10–15 Minuten vorbacken.

5 Nun die Entrecôtes auf das Salzbett legen und
je nach Dicke und gewünschter Garstufe
13–15 Minuten backen. Nach der Hälfte der
Garzeit wenden und nochmals mit Olivenöl
bestreichen. Am Schluss sollte die Kerntemperatur 57–60 Grad betragen.

6 Das Blech aus dem Ofen nehmen und die
Entrecôtes, mit Alufolie bedeckt, auf dem Salzbett 10 Minuten ruhen lassen. Anschliessend
in dünne Scheiben schneiden. Die Currykarotten
auf vorgewärmten Tellern anrichten und die
Fleischscheiben daraufgeben.

Für weniger/mehr Gäste

2–3 Personen: Die Zutaten für das Fleisch und das Salzbett halbieren. Die Backzeit bleibt sich gleich.
4 Personen: 2 Entrecôtes doubles zu je etwa 300 g
verwenden, nur 12–13 Minuten backen. Die Zutaten für
das Salzbett bleiben wie rezeptiert.
8 Personen: 3 Entrecôtes doubles zu je etwa 400 g
verwenden. Für das Salzbett 1 kg Salz sowie etwas mehr
Kräuter als rezeptiert verwenden.
10–12 Personen: 4 Entrecôtes doubles zu je etwa
400 g verwenden. Für das Salzbett 1,2 kg Salz sowie
etwas mehr Kräuter als rezeptiert verwenden.

Currykarotten

Für 6 Personen als Beilage

Milder Curry und süssliche Karotten ergänzen
einander geschmacklich perfekt, genauso
wie fruchtiger Sherry und die leicht zucker-
haltigen Sultaninen. Aber aufgepasst: Ein
Zuviel an Curryschärfe kann das zarte Karot-
tenaroma völlig überdecken! Es gilt also,
die richtige Balance zu finden. Die Currykarotten können in Begleitung von Salzkartoffeln oder Reis eine eigenständige Mahlzeit sein, solo eine originale Beilage zu
Grillspezialitäten oder gebratenem Fleisch,
das von nur wenig oder keiner Sauce begleitet wird.

80 g Sultaninen
100 ml trockener Sherry
800 g Karotten
1 mittlere Zwiebel
1 Bund Petersilie
2 Esslöffel Butter
2 Esslöffel Mandelblättchen
2 Esslöffel Pinienkerne
1½ Esslöffel milder Curry
100 ml Gemüsebouillon
Salz, Pfeffer aus der Mühle

1 Die Sultaninen in ein Sieb geben, unter
heissem Wasser gründlich spülen und gut abtropfen lassen, dann in eine kleine Schüssel
geben und mit dem Sherry übergiessen.

2 Die Karotten schälen, längs je nach Dicke
in Viertel oder Achtel und diese wiederum
in Stängelchen schneiden.

3 Die Zwiebel schälen und fein hacken.
Die Petersilie ebenfalls hacken.

→ **Salzbett**

Die Kräuter für das Salzbett mit
einer Schere grob schneiden,
mit dem groben Salz vermischen
und zu einer Fläche von etwa
1½ cm Höhe und mindestens der
Breite der Fleischstücke formen.
Das Fleisch vor dem Garen nie auf
dem Salzbett aufbewahren,
sonst entzieht ihm dieses Wasser
und es schmeckt versalzen!

Langpfeffer

Lang- oder Longpfeffer, der seinen
Namen seiner länglichen, an Wei-
denkätzchen erinnernden Form
verdankt, ist mein absoluter Lieb-
lingspfeffer. Er ist ähnlich wie
schwarzer Pfeffer zurückhaltend
in der Schärfe, aber mit einem
ausgeprägten süsslich-säuerlichen
Geschmack. Er war in Europa vor
dem heute am häufigsten gebräuch-
lichen schwarzen Pfeffer bekannt.
Langpfeffer kann überall dort einge-
setzt werden, wo schwarzer Pfeffer
verwendet wird, allerdings sehr
viel grosszügiger dosiert als dieser.
Es empfiehlt sich, die Fruchtstände
in etwa ½ cm grosse Stücke zu
schneiden, bevor sie am besten in
einer Gewürzmühle mit Keramik-
Mahlwerk fein gemahlen werden.

4 In einer grossen Pfanne die Butter erhitzen. Darin Mandelblättchen und Pinienkerne anrösten. Die Zwiebel beifügen und kurz mitdünsten. Dann die Karotten dazugeben, alles mit dem Curry bestäuben, sorgfältig mischen und ebenfalls kurz mitdünsten. Die Sultaninen mitsamt Sherry beifügen. Alles kräftig aufkochen lassen. Dann die Bouillon beifügen und die Karotten zugedeckt weich dünsten.

5 Am Schluss die Petersilie unter die Karotten mischen und diese wenn nötig mit Salz und Pfeffer abschmecken.

Für weniger/mehr Gäste

2–3 Personen: Zutaten halbieren. Reste halten sich im Kühlschrank 2–3 Tage.
4 Personen: Rezept in ⅔ der Menge zubereiten.
8 Personen und mehr: Die Zutaten entsprechend der Gästezahl vervielfachen.

Ananas: Von klein bis gross
Es gibt über hundert Ananassorten, von denen bei uns jedoch nur einige wenige erhältlich sind. Die Ananas wächst nicht, wie häufig angenommen, auf Palmen, sondern an einer niedrigen Staude relativ nahe am Boden. Ananasfrüchte werden immer reif geerntet. Ob das Äussere grün oder goldbraun ist, sagt nichts über die Reife aus. Man erkennt diese vielmehr am ausgeprägten Duft der Frucht. Besonders aromatisch und auch deutlich süsser schmeckt die Baby-Ananas. Sie sieht aus wie das grosse Original, ist aber runder und kräftiger gefärbt und ihr Strunk ist weich und essbar. Eine solche Ananas ist nature ein einfaches Dessert für zwei Personen. Ganze Ananas gehören nicht in den Kühlschrank. Geschältes und geschnittenes Fruchtfleisch kann jedoch in einem geeigneten Behälter oder in einem Gefrierbeutel bis zu 3 Tage im Kühlschrank aufbewahrt oder auch einige Zeit im Tiefkühler gelagert werden.

Ananas-Carpaccio

Für 6 Personen

Ich verwende für dieses fruchtig-leichte Dessert gerne die kleine Baby-Ananas, von der das ganze Fruchtfleisch mitsamt dem noch weichen Strunk im Innern verwendet werden kann (siehe auch Randtipp). Anstelle von Ananas kann das Carpaccio auch mit Filets von Orangen oder roten Grapefruits zubereitet werden. Zum Früchte-Carpaccio serviere ich am liebsten steif geschlagenen Rahm, den ich mit Joghurt mische, was ihm Frische und Leichtigkeit gibt. Gut passt aber ein exotisches Fruchtsorbet oder Vanilleglace.

Der Arbeitsplan

Am Vortag
– Steinpilzsüppchen zubereiten (ohne Trüffelrahm).

8 Stunden vorher
– Ananas schneiden und Jus zubereiten.

2 Stunden vorher
– Currykarotten zubereiten.
– Fleisch marinieren.
– Salzbett vorbereiten.
– Trüffelrahm zubereiten.

3 Baby-Ananas oder 1 grosse normale Ananas (siehe Randtipp)
½ Limette
9 Passionsfrüchte
3 Esslöffel Zucker
1 gehäufter Teelöffel Butter
75 ml Wasser

1 Die Ananas grosszügig schälen, um auch die sogenannten Augen möglichst weitgehend zu entfernen. Restliche Augen mit einem spitzen Messerchen ausstechen. Dann die Ananas in möglichst dünne Scheiben schneiden. Bei der Verwendung einer normalen, grossen Ananas zusätzlich den verholzten Strunk ausschneiden oder -stechen. Die Ananasscheiben mit Klarsichtfolie abgedeckt kühl aufbewahren.

2 Den Saft der Limette auspressen. Die Passionsfrüchte halbieren und das Fruchtfleisch mit einem Löffel zum Limettensaft schaben.

3 In einem kleinen Topf den Zucker bei mittlerer Hitze zu goldbraunem Karamell schmelzen. Die Butter beifügen und aufschäumen lassen. Dann das Wasser und die Limetten-Passionsfrucht-Mischung beifügen. Alles unter Rühren 2–3 Minuten leise kochen lassen. Zugedeckt beiseite, jedoch nicht in den Kühlschrank stellen.

4 Vor dem Servieren die Ananasscheiben leicht überlappend auf Tellern anrichten und mit dem Passionsfruchtjus beträufeln.

Für weniger/mehr Gäste

2–3 Personen: 1 Baby-Ananas verwenden, Zutaten für den Jus halbieren.
4 Personen: 1 kleinere normale Ananas verwenden; den Jus in ⅔ der rezeptierten Menge zubereiten.
8 und mehr Personen: Die Zutaten entsprechend der Gästezahl vervielfachen.

½ Stunde vor dem Essen
– Backofen vorheizen.
– Salzbett im Ofen vorbacken.
– Entrecôte backen.
– Suppe nochmals 5 Minuten kochen lassen, dann anrichten.

Nach der Vorspeise
– Currykarotten nochmals gut erhitzen.

Nach dem Hauptgang
– Ananas-Carpaccio anrichten.

Klassiker neu interpretiert

Endiviensalat mit Fenchel und
Orangen-Oliven-Vinaigrette

Pouletbrüstchen im Quarkteig
an Schnittlauchsauce

Bratapfelcreme

Endiviensalat mit Fenchel und Orangen-Oliven-Vinaigrette

Pouletbrüstchen im Quarkteig an Schnittlauchsauce

Bratapfelcreme

Endiviensalat mit Fenchel und Orangen-Oliven-Vinaigrette

Für 4 Personen

Ein italienischer Klassiker macht den Anfang des Menüs: Fenchel und Orangen sind bei unseren südlichen Nachbarn eine beliebte Salatkombination. Ich serviere sie gerne an einer fruchtig-pikanten Vinaigrette mit Orangensaft, Oliven und Dörrtomaten und serviere sie auf Endiviensalat. Im Winter passen auch Chicorée (Brüsseler Salat) oder Cicorino rosso.

Vinaigrette:

1 unbehandelte Orange
1 Teelöffel Zitronensaft
Salz, Pfeffer aus der Mühle
1 Prise Cayennepfeffer
6 Esslöffel Olivenöl
10 schwarze oder grüne Oliven
4 in Öl eingelegte Dörrtomaten

Salat:

2 Fenchelknollen mit Grün
2 Orangen
1 kleiner Endiviensalat

1 Zuerst die Vinaigrette zubereiten, damit sich ihre Aromen entfalten können: Die Schale von ½ Orange dünn abreiben. Den Saft der ganzen Orange auspressen. Orangensaft sowie -schale, Zitronensaft, Salz, Pfeffer und Olivenöl zu einer Sauce rühren. Die Oliven wenn nötig entsteinen und mit den in Streifen geschnittenen Dörrtomaten hacken. Beides in die Sauce geben. ⅓ der Sauce für den Endiviensalat beiseitestellen.
2 Die Fenchelknollen der Länge nach halbieren. Schönes Fenchelgrün beiseitelegen. Den Strunk der Fenchel unten nur ganz dünn anschneiden, sodass bräunliche Stellen entfernt werden. Das Gemüse in sehr dünne Scheiben schneiden und sofort in die Sauce geben.

3 Mit einem scharfen Messer von den Orangen oben und unten jeweils einen Deckel abschneiden. Dann die Früchte auf die Arbeitsfläche stellen und die Schale mitsamt weisser Haut rundum von oben nach unten abschneiden. Zuletzt die Schnitze aus den Trennhäuten schneiden. Die Orangenfilets zum Fenchelsalat geben und alles sorgfältig mischen.
4 Das Fenchelgrün hacken und zugedeckt aufbewahren.
5 Den Salat rüsten und in mundgerechte Stücke zupfen.
6 Zum Servieren 4 Teller mit Endivienblättern auslegen, den Fenchel-Orangen-Salat darauf verteilen und die Salatblätter mit der beiseitegestellten Sauce beträufeln. Alles mit Fenchelgrün bestreuen und den Salat sofort servieren.

Für weniger/mehr Gäste
2 Personen: Zutaten halbieren.
6 und mehr Personen: Die Zutaten entsprechend der Gästezahl vervielfachen.

Pouletbrüstchen im Quarkteig an Schnittlauchsauce

Für 4 Personen

Auch wenn es Fertigteige in guter Qualität gibt, mein hausgemachter Quarkteig ist nicht zu übertreffen! Er ist das Tüpfchen auf dem i dieser Abwandlung von Filet im Teig, in diesem Fall eben mit Pouletbrust zubereitet. Die Brüstchen werden vor dem Einhüllen in den Teig mit Dörrtomaten, Lauch und Pinienkernen gefüllt. Dazu gibt es eine Schnittlauchsauce. Wünscht man eine Gemüsebeilage, passen Spinat, Wirz (Wirsing) oder Karotten gut dazu.

Fenchel
Für viele ist Fenchel ein typisches Herbst- und Wintergemüse, weil er in den europäischen Hauptanbaugebieten Mittel- und Süditalien sowie Spanien als Winterkultur angebaut wird. Aus einheimischer Ernte hat er jedoch von Juli bis Oktober Saison. Hüten Sie sich beim Einkauf vor braun gefleckten Knollen; sie sind überlagert. Nach dem Aufschneiden Fenchel nicht liegen lassen, da er sich gerne verfärbt. Für Salat mischt man ihn deshalb sofort mit der Sauce. Das Fenchelkraut nicht wegwerfen: Es ist besonders vitaminreich und lässt sich wie Kräuter in kleinen Zweiglein oder gehackt über das fertige Gericht geben.

Teig:
200 g Mehl
1 Teelöffel Salz
100 g Butter, möglichst kalt
125 g Magerquark

Fleisch:
4 Pouletbrüstchen, je ca. 130 g
Salz, schwarzer Pfeffer aus der Mühle
1 Esslöffel Bratbutter
50 g in Öl eingelegte Dörrtomaten, abgetropft
gewogen
120 g Lauch, gerüstet gewogen
40 g Pinienkerne
1 Esslöffel Olivenöl
1 Eigelb

Sauce:
1 Frühlingszwiebel oder kleine normale
Zwiebel
1 Teelöffel Butter
100 ml weisser Portwein
200 ml Geflügelfond oder ersatzweise leichte
Hühnerbouillon
50 ml Rahm
50 g kalte Butter
1 Bund Schnittlauch
Salz, Pfeffer aus der Mühle

1 Für den Teig das Mehl mit dem Salz in einer Schüssel mischen. Die kalte Butter an der Rösti-raffel dazureiben. Mehl und Butter zwischen den Fingern zu einer krümeligen Masse verreiben. Den Magerquark beigeben und alles zu einem glatten Teig zusammenkneten. Nun den Teig zu einem länglichen, dicken Rechteck auswallen, dieses von beiden Seiten zur Mitte hin falten, dann nochmals übereinanderlegen. Mit dem Wall-holz gut andrücken und den Vorgang noch zwei-mal wiederholen. Den Teig in Klarsichtfolie gewickelt mindestens 30 Minuten kühl stellen.
2 Die Pouletbrüstchen mit Salz und Pfeffer kräftig würzen. In einer Bratpfanne die Bratbutter kräftig erhitzen und die Pouletbrüstchen darin auf jeder Seite nur gerade 1 Minute anbraten. Herausnehmen und auf einem mit Küchenpapier belegten Kuchengitter abkühlen lassen.
3 Die Dörrtomaten auf Küchenpapier trocken tupfen und klein würfeln. Den Lauch in feine Ringe schneiden. Die Pinienkerne grob hacken.

4 In einer beschichteten Bratpfanne das Oliven-öl erhitzen. Den Lauch dazugeben, leicht salzen und kräftig pfeffern, dann unter häufigem Wenden dünsten, bis er zusammengefallen ist. Dörrtomaten und Pinienkerne beifügen und alles noch 1 Minute weiter dünsten. Auf einem Teller abkühlen lassen.
5 Den Quarkteig in 4 Portionen teilen. Jede Portion rund auswallen und daraus mit Hilfe eines Tellers je 1 Rondelle von 20–22 cm Durch-messer, je nach Grösse der Pouletbrüstchen, ausschneiden.
6 Jedes Pouletbrüstchen zweimal der Länge nach tief einschneiden und jeweils mit etwas Lauch-masse füllen (→ Randtipp Bild A). Auf die untere Hälfte der Teigrondellen legen. Die Teigränder mit wenig Wasser bestreichen und die obere Teig-hälfte über das Pouletbrüstchen klappen (→ Bild B). Die Ränder gut andrücken. Nach Belieben die Teigpakete mit dem restlichen Teig verzieren. Bis zum Backen kühl stellen.
7 Für die Sauce die Frühlingszwiebel mitsamt schönem Grün oder die Zwiebel rüsten und fein hacken. In einem kleinen Topf in der warmen Butter glasig dünsten. Portwein und Geflügel-fond oder Bouillon dazugiessen und alles auf grossem Feuer auf knapp 100 ml einkochen lassen. Den Rahm beifügen und die Sauce mit dem Stabmixer fein pürieren. Beiseitestellen.
8 Den Backofen auf 220 Grad vorheizen.
9 Die Teigpakete mit Eigelb bestreichen und auf ein mit Backpapier belegtes Blech geben. In der Mitte des 220 Grad heissen Ofens 20–25 Minuten goldbraun backen. Heraus-nehmen und 3–4 Minuten stehen lassen.
10 Die Sauce aufkochen. Die Butter in Stücken daruntermixen. Zuletzt den Schnittlauch mit einer Schere dazuschneiden und die Sauce mit Salz und Pfeffer abschmecken.
11 Die Pouletpakete leicht schräg halbieren oder in 3 breite Stücke schneiden, auf Tellern anrichten und mit etwas Sauce umgiessen. Sofort servieren.

Für weniger/mehr Gäste
2 Personen: Zutaten halbieren.
6 und mehr Personen: Die Zutaten entsprechend der Gästezahl vervielfachen.

→ **Pouletbrüstchen: Das Wichtigste in Kürze**

A Die Pouletbrüstchen der Länge nach tief ein-, aber nicht durch-schneiden. Die Einschnitte mit jeweils etwas Lauchmasse füllen.

B Die Pouletbrüstchen auf die untere Hälfte der Teigfläche legen. Die Teigränder mit wenig Wasser bestreichen und die obere Teighälfte über das Pouletbrüstchen klappen. Anschliessend die Ränder gut verschliessen.

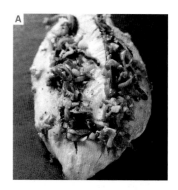

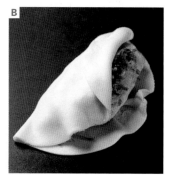

Bratapfelcreme

Für 4 Personen

Für diese Creme aus Grossmutters Rezeptbuch koche ich die Äpfel nicht in Flüssigkeit, sondern backe sie im Ofen. Dies sorgt für einen leichten, feinen Karamellgeschmack.

600 g säuerliche Äpfel
30 g weiche Butter
4 Esslöffel Zucker
½ Teelöffel Zimt
1 Eiweiss
100 ml Rahm

1 Den Backofen auf 200 Grad vorheizen.
2 Das Kerngehäuse aus den ungeschälten Äpfeln ausstechen. Dann die Äpfel aussen und innen grosszügig mit der weichen Butter bestreichen. Den Boden einer Gratinform ebenfalls leicht bebuttern und die Äpfel hineinsetzen. Innen und aussen mit dem Zucker bestreuen.
3 Die Äpfel im 200 Grad heissen Ofen auf der zweituntersten Rille etwa 40 Minuten backen. Sie sollen sehr weich sein und leicht aufplatzen.
4 Die Äpfel noch heiss durch ein Sieb streichen (so bleibt die Schale zurück) oder aber die Schale der Äpfel entfernen und die Früchte mit dem Stabmixer pürieren. Den Zimt untermischen und das Püree zugedeckt auskühlen lassen.
5 Kurz vor dem Servieren zuerst das Eiweiss, dann den Rahm steif schlagen.
6 Den Rahm unter das Apfelpüree rühren und dieses wenn nötig leicht nachsüssen. Dann den Eischnee unterziehen. Die Creme in Dessertschalen oder Gläser füllen. Nach Belieben mit gedörrten Apfelringen, gerösteten Mandelblättchen oder mit kurz in Butter gedünsteten dünnen Apfelscheiben garnieren.

Für weniger/mehr Gäste
2 Personen: Zutaten halbieren, jedoch 1 Eiweiss verwenden.
6 Personen: Rezept in 1½-facher Menge zubereiten, jedoch 2 Eiweiss verwenden.
8 Personen: Rezept in doppelter Menge zubereiten.

Der Arbeitsplan

Am Vortag
– Quarkteig zubereiten. Er kann sogar bis zu 5 Tage im Voraus zubereitet werden und lässt sich auch hervorragend tiefkühlen.
– Die Pouletbrüstchen im Teig zubereiten (Punkt 2–6).
– Die Sauce zubereiten (Punkt 7).
– Bratäpfel zubereiten (bis Punkt 4).

4 Stunden vorher
– Fenchel-Orangen-Salat zubereiten. Nicht kühl stellen, zugedeckt bei Zimmertemperatur stehen lassen.
– Endiviensalat waschen und rüsten.

Vor dem Essen
– Pouletbrüstchen backen.
– Salat anrichten.

Vor dem Hauptgang
– Sauce fertigstellen.

Nach dem Hauptgang
– Eiweiss und Rahm steif schlagen.
– Dessert fertigstellen.

Erinnerungen an die Wiener Küche

Griesssuppe mit Kürbiskernöl

Kalbstafelspitz an Meerrettich-Beurre-blanc mit glasiertem Wurzelgemüse

Schokoladenmousse mit Baileys

Griesssuppe mit Kürbiskernöl

Kalbstafelspitz an Meerrettich-Beurre-blanc mit glasiertem Wurzelgemüse

Schokoladenmousse mit Baileys

Griesssuppe mit Kürbiskernöl

Für 6 Personen

Die Griesssuppe gehört zu den grossen Küchenklassikern und ist zu Unrecht in Vergessenheit geraten. Hier wird sie mit einer ganz speziellen österreichischen Zutat veredelt: mit Kürbiskernöl. Alles, was Sie darüber wissen müssen, erfahren Sie in der Randspalte. Wer kein Kürbiskernöl zur Hand hat, kann auch etwas Crème fraîche auf die Suppe geben und diese mit Kürbiskernen bestreuen.

50 g magerer Bratspeck in Scheiben
2 Schalotten
2 Esslöffel Butter
50 g Griess
1¼ l Hühnerbouillon
3–4 Esslöffel Kürbiskerne
2 Esslöffel Crème fraîche
Salz, Pfeffer aus der Mühle, Muskatnuss
einige Tropfen Kürbiskernöl

1 Den Speck in Streifchen schneiden, dann sehr fein hacken. Am besten geht dies, wenn man die Specktranchen zuvor 20–30 Minuten in den Tiefkühler gibt. Die Schalotten schälen und ebenfalls hacken.
2 In einem mittleren Topf die Butter erhitzen. Speck, Schalotten und Griess darin anrösten. Die Bouillon dazugiessen, aufkochen und die Suppe etwa 15 Minuten leise kochen lassen.
3 Inzwischen eine Pfanne leer erhitzen und die Kürbiskerne ohne Fettzugabe kurz rösten.
4 Die Crème fraîche mit einigen Löffeln heisser Suppe verrühren und die Mischung zur Suppe geben. Die Griesssuppe mit Salz, Pfeffer und Muskat abschmecken.
5 Zum Servieren die Suppe in Tassen oder tiefen Tellern anrichten. Mit Kürbiskernen bestreuen und mit einigen Tropfen Kürbiskernöl beträufeln. Sofort servieren.

Für weniger/mehr Gäste
2 Personen: Die halbe Menge zubereiten, sie hält sich im Kühlschrank problemlos 4–5 Tage.
4 Personen: Wenn es nur eine kleinere Suppenvorspeise sein soll, das Rezept in ½, sonst in ⅔ der Menge zubereiten.
8–10 Personen: Die 1½-fache Menge zubereiten.

Kürbiskernöl
Kürbiskernöl wird aus einer lokalen Gartenkürbissorte aus der österreichischen Steiermark hergestellt. Diese unterscheidet sich von den zahlreichen anderen Kürbissorten durch ein einzigartiges Merkmal: Sie hat die verholzende Samenschale durch eine Mutation vor etwa hundert Jahren verloren, sodass den Samenkern nur noch ein dünnes Silberhäutchen umgibt. Dank dieser weichen Konsistenz lassen sich die zuvor gerösteten Kerne gut zu Öl pressen. Kürbiskernöl hat eine kräftig dunkelgrüne Farbe und einen intensiven nussigen Geschmack. Es wird vor allem für Salate, kalte Gerichte und zum Beträufeln von Suppen verwendet. Kürbiskernöl unbedingt lichtgeschützt und kühl aufbewahren, sonst wird es gerne ranzig. Die Haltbarkeit beträgt etwa 9 Monate.

Kalbstafelspitz an Meerrettich-Beurre-blanc

Für 6 Personen

Tafelspitz ist eine der bekanntesten Spezialitäten aus der Wiener Küche. Es handelt sich dabei nicht, wie fälschlicherweise immer wieder angenommen, einfach um ein Stück Siedfleisch, sondern um das zarte Schwanzendstück des Rinds, das in einer gehaltvollen Bouillon gegart wird. In meiner freien Abwandlung des Rezepts wird der Tafelspitz mit zartem Kalbfleisch zubereitet und nicht in einem Sud, sondern langsam bei 80 Grad im Ofen gegart. Dazu gibt es eine Meerrettichsauce, aber auch hier nicht in der traditionellen Art mit Apfel, sondern als zarte Buttersauce, die mit Meerrettich gewürzt wird.

Fleisch:
3 Knoblauchzehen
800 g–1 kg Kalbstafelspitz (Kalbshuftdeckel, beim Metzger vorbestellen) oder ersatzweise runde oder flache Nuss
Salz, schwarzer Pfeffer aus der Mühle
1 Esslöffel Bratbutter
30 g Butter
4 Zweige Salbei

Meerrettich-Beurre-blanc:
1 Schalotte
1 kleine Knoblauchzehe
40 g Knollensellerie, geschält gewogen
100 ml Noilly Prat
¼ l Gemüsebouillon
2 Esslöffel Merrettichpaste aus dem Glas
100 ml Rahm
1 Stück frische Meerrettichwurzel
1 Teelöffel Zitronensaft
80 g Butter
Salz, Pfeffer aus der Mühle
einige Tropfen Zitronensaft
½ Bund Schnittlauch

1 Den Backofen auf 80 Grad vorheizen. Eine Platte mitwärmen.
2 Für das Fleisch die Knoblauchzehen schälen und in je 3–4 Scheiben schneiden.

3 Den Kalbstafelspitz mit Salz und Pfeffer kräftig würzen. In einer Bratpfanne die Bratbutter kräftig erhitzen und das Fleisch darin rundum insgesamt 4 Minuten anbraten. Sofort auf die vorgewärmte Platte geben.

4 Restliches Öl vom Bratensatz abgiessen. Butter, Knoblauch und Salbeizweige hineingeben und aufschäumen lassen. Die heisse Knoblauch-Salbei-Butter über den Kalbstafelspitz giessen. Das Fleisch sofort im 80 Grad heissen Ofen je nach Dicke des Stücks 2½–3 Stunden nachgaren lassen, dabei gelegentlich mit dem Butterjus beträufeln.

5 Für die Beurre blanc Schalotte und Knoblauch schälen und fein hacken. Den Sellerie klein würfeln. Alle diese Zutaten mit Noilly Prat und Bouillon in einen kleinen Topf geben und zugedeckt weich kochen.

6 Die Sauce mit den Gemüsezutaten in einen hohen Becher geben und mit dem Stabmixer sehr fein pürieren. Dann durch ein Sieb in einen kleinen Topf giessen. Die Meerrettichpaste sowie den Rahm beifügen und die Sauce zugedeckt beiseitestellen.

7 Den frischen Meerrettich schälen, rundum mit Zitronensaft bestreichen und in Klarsichtfolie gewickelt bereithalten.

8 Unmittelbar vor dem Servieren die Ofentemperatur auf 230 Grad erhöhen und den Kalbstafelspitz in der aufsteigenden Hitze je nach Dicke 6–8 Minuten Temperatur annehmen lassen.

9 Gleichzeitig die vorbereitete Beurre-blanc-Sauce aufkochen. Die Butter in Stücken unterschlagen; am besten geht dies mit dem Stabmixer. Mit Salz, Pfeffer, nach Belieben mit etwas Meerrettich sowie wenig Zitronensaft abschmecken. Zuletzt den Schnittlauch mit einer Schere dazuschneiden.

10 Den Kalbstafelspitz in dünne Scheiben schneiden. Auf vorgewärmten Tellern anrichten, mit der Beurre blanc umgiessen, frischen Meerrettich darüberreiben und sofort servieren.

Sehr gut passt dazu ein glasiertes Wurzelgemüse, aber auch in Schnitze geschnittener und in wenig Noilly Prat und Bouillon gedünsteter Wirz (Wirsing).

Für weniger/mehr Gäste
Dieses Gericht kann wegen der vorgegebenen Grösse des Fleischstücks nur mindestens in der rezeptierten Menge oder aber in grösseren Portionen (2 oder mehr Kalbshuftdeckel) zubereitet werden.

Glasiertes Wurzelgemüse

Für 6 Personen

Das Glasieren ist eine der schönsten Zubereitungsarten für alle winterlichen Wurzelgemüse. Je nach Saison und Marktangebot kann es aber auch nur mit Karotten – eventuell verschiedenfarbigen – zubereitet werden.

300 g Karotten
300 g Petersilienwurzeln oder Pastinaken
3–4 Schwarzwurzeln oder 300 g Knollensellerie
1 Esslöffel Zucker
1 Teelöffel Zitronensaft
50 g Butter
50 ml Noilly Prat oder Weisswein
¼ l Gemüsebouillon
1 Bund glattblättrige Petersilie
Salz, schwarzer Pfeffer aus der Mühle
1–1½ Teelöffel Zitronensaft
zum Abschmecken

1 Alle Gemüse schälen, die Schwarzwurzeln am besten unter fliessendem Wasser, um eine braune Verfärbung der Hände zu vermeiden. Alle Gemüse in knapp fingerdicke Stängelchen schneiden.

2 In einem weiten Topf den Zucker mit dem Zitronensaft zu hellbraunem Karamell schmelzen. Die Butter beifügen und aufschäumen lassen. Dann das Gemüse beifügen, Noilly Prat oder Weisswein sowie Bouillon dazugiessen und das Gemüse zugedeckt knackig dünsten. Beiseitestellen.

3 Die Petersilie fein hacken und zugedeckt beiseitestellen.

4 Kurz vor dem Servieren das Wurzelgemüse nochmals erhitzen. Die Petersilie beifügen und die verbliebene Garflüssigkeit auf grossem Feuer fast vollständig verdampfen lassen; das Gemüse soll am Schluss schön glänzen. Mit Salz, Pfeffer und Zitronensaft abschmecken.

Für weniger/mehr Gäste
2 Personen: In ⅓ der Menge zubereiten, jedoch 20 g Butter, 50 ml Noilly Prat oder Weisswein und 100 ml Bouillon verwenden.
4 Personen: In ⅔ der Menge zubereiten, jedoch 40 g Butter, 50 ml Noilly Prat und 200 ml Bouillon verwenden.
8 und mehr Personen: Die Zutaten entsprechend der Gästezahl vervielfachen.

Meerrettich
Die Bezeichnung Meerrettich leitet sich vom Wort Mähre ab, dem alten Wort für Pferd, dies weil man die Pflanze früher vor allem den Pferden zu fressen gab. Frisch geriebener Meerrettich riecht und schmeckt wegen seines Senfölgehalts oft so beissend scharf, dass die Augen zu tränen beginnen. Er ist auch fertig gerieben in guter Qualität im Glas erhältlich und schmeckt dann fein-würziger und viel weniger scharf als die frische Wurzel. Frischer Meerrettich ist von Oktober bis April erhältlich. Frische Wurzeln halten sich, in Klarsichtfolie gewickelt, im Gemüsefach des Kühlschranks über mehrere Wochen. Nach dem Reiben schmeckt Meerrettich für einen Augenblick beissend scharf, aber das dafür verantwortliche ätherische Öl verfliegt sehr schnell und wird ausserdem durch Hitze zerstört; deshalb Meerrettich immer erst am Schluss an warme Gerichte geben.

Schokoladenmousse mit Baileys

Für 6 Personen

Die irische Whiskey-Spezialität verleiht dieser Schokoladenmousse das gewisse Etwas. Aber auch mit der Schokolade kann man Geschmack und Konsistenz variieren: Verwenden Sie zur Abwechslung eine Schokolade mit Nusssplittern, Krokant oder Karamellstückchen – Experimentieren ist erlaubt! Eine Einschränkung: Die Mousse sollte innerhalb eines Tages konsumiert werden, da sie ohne Stärke- oder Geliermittel zubereitet wird.

200 g Edelbitterschokolade
100 g Milchschokolade
50 ml Rahm
3 Eigelb
50 g Zucker
100 ml Baileys
¼ l Rahm

1 Beide Schokoladesorten grob hacken. Mit der ersten Portion Rahm (50 ml) in eine Chromstahlschüssel geben und über einem heissen Wasserbad langsam schmelzen lassen. Glatt rühren.
2 Mit dem Rührgerät Eigelbe, Zucker und Baileys zu einer hellen, dicklichen Creme aufschlagen; dies dauert mindestens 8 Minuten.
3 Die geschmolzene Schokolade unter die Eicreme ziehen. Diese kühl stellen, bis sie dem Rand entlang fest zu werden beginnt.
4 Die zweite Portion Rahm steif schlagen. Sorgfältig unter die Schokoladencreme ziehen. Die Mousse in Dessertschalen verteilen und mindestens 3 Stunden kühl stellen.
Nach Belieben passt dazu ein mit steif geschlagenem Rahm gefülltes Biskuitcornet.

Für weniger/mehr Gäste
2 Personen: In ⅓ der Menge zubereiten.
4 Personen: In ⅔ der Menge zubereiten.
8 und mehr Personen: Die Zutaten entsprechend der Gästezahl vervielfachen.

Baileys
Irischer Whiskey und Rahm, dazu Vanille, Schokolade, Zucker und Aromastoffe sind die Grundlagen des 1975 erstmals in England präsentierten Creme-Likörs. Er passt sehr gut zu oder in Schokoladendesserts. Als Getränk geniesst man ihn leicht gekühlt pur, auf Eis, zum oder im Kaffee oder auch gemixt. Die geöffnete Baileys-Flasche im Kühlschrank aufbewahren.

Der Arbeitsplan

Am Vortag
– Griesssuppe zubereiten.
– Meerrettich-Beurre-blanc zubereiten (Punkt 5 und 6).

4 Stunden vorher
– Schokoladenmousse zubereiten.

3 Stunden vorher
– Glasiertes Wurzelgemüse zubereiten (bis Punkt 3).
– Fleisch anbraten und nachgaren.

Vor dem Essen
– Meerrettichwurzel vorbereiten.
– Griesssuppe aufkochen und fertigstellen.

Nach der Vorspeise
– Meerrettich-Beurre-Blanc fertigstellen.
– Glasiertes Wurzelgemüse fertigstellen.
– Fleisch in der aufsteigenden Hitze Temperatur annehmen lassen.

Wenn der Herbst Appetit macht

Winzersalat mit Trauben, Speck und Schinken

**Schweinsfilet an Balsamicorahm
mit cremiger Polenta**

Marinierter Orangensalat

Schweinsfilet an Balsamicorahm mit cremiger Polenta

Marinierter Orangensalat

Winzersalat mit Trauben, Speck und Schinken

Für 4 Personen

Original wird die Sauce für diesen reichhaltigen Salat mit Verjus zubereitet, dem Saft von unreifen Trauben, was ihm ein ganz besonderes Aroma verleiht. Wir verwenden ersatzweise den Saft grüner Trauben, gemischt mit Zitrone (siehe Randtipp). Anstelle von Nüsslisalat (Feldsalat) kann man den Salat auch mit Frisée oder Endivie zubereiten.

200 g Nüsslisalat (Feldsalat)
1 Bund glattblättrige Petersilie
1 Bund Kerbel oder Estragon
1 Bund Schnittlauch
100 g grüne Trauben
Saft von ½–¾ Zitrone
1 Teelöffel scharfer Senf
Salz, schwarzer Pfeffer aus der Mühle
5–6 Esslöffel Raps- oder Sonnenblumenöl
100 g magerer Bratspeck
150 g Schinken, in dünne Scheiben geschnitten
1 Knoblauchzehe

1 Den Salat waschen und gut trocken schleudern. Die Kräuter ebenfalls waschen und die Blättchen von den Zweigen zupfen. Den Schnittlauch in Röllchen schneiden. Alles mischen.
2 Die Trauben halbieren und in ein Sieb geben. Mit einem grossen Löffel oder einem Gummispachtel den Saft herausdrücken und auffangen (→ Randtipp). Mit Zitronensaft, Senf, Salz, Pfeffer und Öl zu einer Sauce rühren.
3 Den Speck in Streifen, den Schinken in kleine Vierecke schneiden. Den Knoblauch fein hacken.
4 Unmittelbar vor dem Servieren in einer Bratpfanne den Speck im eigenen Fett langsam knusprig rösten. Dann den Schinken und den Knoblauch beifügen und kurz mitrösten.
5 Den vorbereiteten Salat mit der Sauce mischen und in tiefe Teller anrichten. Speck und Schinken mitsamt dem ausgetretenen Fett darüber verteilen. Sofort servieren.

Für weniger/mehr Gäste
2 Personen: Zutaten halbieren.
6 und mehr Personen: Die Zutaten entsprechend der Gästezahl vervielfachen.

→ **Grüner Traubensaft**
Verjus, der Saft von unreifen Trauben, ist oft direkt beim Winzer erhältlich. Beliebt ist er für die Zubereitung von Salatsaucen und zum Schmoren von Poulet. Seit kurzem ist Verjus gelegentlich auch in grossen Lebensmittelgeschäften mit einer guten Essigauswahl erhältlich (z. B. Coop Fine Food). Ersetzen kann man Verjus durch frisch gepressten Saft von grünen Trauben und Zitrone. Dazu die halbierten Trauben in ein feines Sieb geben, kräftig mit einem Löffel zerdrücken und durchpassieren. Kein Ersatz für Verjus ist heller Traubensaft; ihm fehlt die Frische und Säure des Verjus.

Schweinsfilet an Balsamicorahm mit cremiger Polenta

Für 4 Personen

Ein schnelles Gästegericht im besten Sinne: Obwohl es à la minute zubereitet wird, versetzt es nicht in Stress. Während man die Vorspeise geniesst, gart das Schweinsfilet im Ofen und die Polenta auf dem Herd – ganz von allein! Anstelle von Polenta kann man auch feine Nudeln oder ein Safranrisotto zum Fleisch servieren.

Sauce:

1 grosse Schalotte
1 Esslöffel Butter
200 ml roter Portwein
100 ml Weisswein
1 Teelöffel Fleischextrakt (siehe Randtipp) oder ersatzweise 50 ml Gemüsebouillon
2 Esslöffel guter, gereifter Balsamicoessig
150 ml Rahm

Fleisch und Polenta:

¼ l Gemüsebouillon
¼ l Milch
1 Knoblauchzehe
1 Zweig Rosmarin
2–3 Zweige Thymian
1 Lorbeerblatt
1 grosses Schweinsfilet, 450–500 g
Salz, schwarzer Pfeffer aus der Mühle
1 Esslöffel Bratbutter
100 g Maisgriess
2–3 Esslöffel Rahm
25 g Butter
25 g frisch geriebener Parmesan oder Sbrinz

1 Für die Sauce die Schalotte schälen und fein hacken.

2 In einem kleinen Topf die Butter erhitzen. Die Schalotte darin glasig andünsten. Portwein, Weisswein, Fleischextrakt oder Bouillon beifügen und alles auf grossem Feuer auf etwa 75 ml einkochen lassen.

3 Den Balsamicoessig beifügen und die Sauce noch einmal aufkochen. Dann den Rahm beifügen. Die Sauce mit dem Stabmixer gut durchmixen. Beiseitestellen.

4 Für die Polenta Gemüsebouillon und Milch in einen mittleren Topf geben. Die Knoblauchzehe schälen, der Länge nach halbieren und mit den Kräuterzweigen beifügen. Das Lorbeerblatt mit einer Schere dem Rand entlang mehrmals einschneiden und dazugeben. Alles aufkochen, dann auf kleinem Feuer 5 Minuten kochen lassen. Beiseitestellen.

5 Das Schweinsfilet mit Salz und Pfeffer würzen. In einer Bratpfanne die Bratbutter rauchheiss erhitzen. Das Schweinsfilet darin rundum insgesamt nur gerade knapp 2 Minuten kräftig anbraten. Auf ein Kuchengitter legen und abkühlen lassen. Dann in eine Gratinform geben.

6 Den Backofen auf 170 Grad vorheizen.

7 Die Kräuterzweige und das Lorbeerblatt aus der Bouillon-Milch-Mischung entfernen und diese nochmals aufkochen. Unter Rühren den Maisgriess einrieseln lassen, die Hitze auf kleinste Stufe reduzieren und die Polenta zugedeckt etwa 15 Minuten ausquellen lassen.

8 Das Schweinsfilet in den 170 Grad heissen Ofen auf die mittlere Rille geben und 15 Minuten braten.

9 Das Schweinsfilet aus dem Ofen nehmen, mit doppelt gefalteter Alufolie zudecken und 10 Minuten ruhen lassen.

10 Inzwischen den Balsamicorahm aufkochen. Mit Salz und Pfeffer würzen und noch kurz kochen lassen.

11 Rahm, Butter und Käse unter die Polenta rühren und schmelzen lassen. Die Polenta wenn nötig mit Salz und Pfeffer nachwürzen.

12 Das Schweinsfilet in Scheiben schneiden und mit Polenta sowie Balsamicorahm auf vorgewärmten Tellern anrichten. Nach Belieben mit Rosmarin- und Thymianzweiglein garnieren.

Für weniger/mehr Gäste

2 Personen: 4 Schweinsmedaillons, je etwa 2½ cm dick geschnitten, in der Pfanne auf jeder Seite 2½–3 Minuten braten. Nicht in den Ofen geben, sondern mit Alufolie zugedeckt 5 Minuten ruhen lassen.
6 Personen: 2 kleinere Schweinsfilets verwenden und nur 13 Minuten im Ofen garen. Restliche Zutaten in der 1½-fachen Menge zubereiten.
8 Personen: Rezeptmenge verdoppeln.

Fleischextrakt

Die dunkelbraune oder je nach Produkt fast schwarze Paste ist der eingedickte Auszug aus frischem Fleisch; er enthält kein Fett, keine Zusatzstoffe und auch kein Salz und eignet sich deshalb hervorragend zum Verfeinern und Würzen von Saucen und Suppen. Für 1 kg Fleischextrakt werden etwa 30 kg Rindfleisch benötigt. Deshalb ist es auch ein recht teures Produkt, das aber nur in Kleinstmenge verwendet wird: Auf 200 ml Wasser oder Saucenflüssigkeit rechnet man 1 Teelöffel Fleischextrakt. Fleischextrakt ist unter verschiedenen Markennamen zu kaufen; die bekanntesten sind Liebig's, Bovril oder Marmite.

Marinierter Orangensalat

Für 4 Personen

Ein aromatischer Sirup aus Orangensaft, Grenadinesirup, Gewürznelken, Zitronensaft und nach Belieben etwas Grand Marnier würzt die aus den Trennhäuten geschnittenen Orangenfilets. Wem das Filetieren der Orangen zu aufwendig ist, kann die Früchte nach dem Schälen auch in dünne Scheiben schneiden, diese halbieren oder viertlen und marinieren. Wie man Zitrusfrüchte filetiert, sehen Sie auf Seite 18. Wer das Dessert üppiger mag, serviert eine Kugel Glace oder etwas Joghurtrahm dazu.

6 grosse unbehandelte Orangen
8 grosse Datteln
150 ml Grenadinesirup
2 Gewürznelken
Saft von 1 Zitrone
nach Belieben etwas Grand Marnier zum Parfümieren

Grenadinesirup

Der Sirup aus dem Saft von Granatäpfeln erhielt seinen Namen von der Karibikinsel Grenada, auf der er ursprünglich hergestellt wurde. Grenadine kann, muss aber keinen Alkohol enthalten. Man verwendet ihn wegen seiner intensiv roten Farbe nicht nur für die Zubereitung von Cocktails und Konfekt, sondern er dient auch zum Abschmecken von kräftigen Saucen zu Wild, Lamm und Ente und zum Süssen von Desserts. Im nebenstehenden Orangensalat kann der Grenadinesirup auch durch frischen Granatapfelsaft und 50–75 g Zucker ersetzt werden. Für die Saftgewinnung werden halbierte Granatäpfel auf einer Zitruspresse vorsichtig ausgepresst.

1 Die Orangen unter heissem Wasser abspülen. Dann von ½ Orange den gelben Schalenteil mit dem Sparschäler dünn ablösen und in hauchfeine Streifchen schneiden.
2 Von allen Orangen oben und unten einen Deckel wegschneiden. Die Orangen auf die Arbeitsfläche stellen und die Schale mitsamt weisser Haut von oben nach unten rundum abschneiden. Dann die Orangenschnitze aus den Trennhäuten schneiden. In eine Schüssel geben. Aus dem übrig gebliebenen Fruchtfleisch den Saft in einen kleinen Topf ausdrücken.
3 Die Datteln entsteinen und in Streifen schneiden. Zu den Orangenschnitzen geben.
4 Orangenschalenstreifchen, Grenadinesirup, Gewürznelken und Zitronensaft zum Orangensaft geben, aufkochen und auf grossem Feuer 3–4 Minuten einkochen lassen. Vom Feuer nehmen und nach Belieben mit wenig Grand Marnier parfümieren. Die Orangensauce über die Orangenfilets giessen und mindestens ½ Stunde ziehen lassen.
5 Zum Servieren den Orangensalat mitsamt Jus in Dessertschalen oder Gläser anrichten.

Für weniger/mehr Gäste
2 Personen: Zutaten halbieren.
6 und mehr Personen: Zutaten entsprechend der Gästezahl vervielfachen.

Der Arbeitsplan

4 Stunden vorher
– Salat und Kräuter vorbereiten und in einem Gefrierbeutel kühl stellen.
– Salatsauce zubereiten.
– Restliche Salatzutaten vorbereiten (Punkt 3).
– Balsamicorahm zubereiten.
– Dessert zubereiten.

1 Stunde vorher
– Schweinsfilet anbraten.
– Garflüssigkeit für Polenta vorbereiten.

Vor dem Essen
– Backofen vorheizen.
– Speck, Schinken und Knoblauch braten.
– Milch-Bouillon-Mischung nochmals aufkochen und Kräuter entfernen. Polenta zubereiten.
– Das Schweinsfilet im Ofen braten.
– Den Salat anrichten.

Nach der Vorspeise
– Balsamicorahm aufkochen.
– Polenta fertigstellen.

Alles ganz einfach!

**Rotes Linsensüppchen mit Grappa
und Speck-Feuilletés**

**Kräuterlachs aus dem Ofen
mit Zucchetti und Kartoffeln**

Portweinzwetschgen

Rotes Linsensüppchen mit Grappa und Speck-Feuilletés

Kräuterlachs aus dem Ofen mit Zucchetti und Kartoffeln

Portweinzwetschgen

Rotes Linsensüppchen mit Grappa und Speck-Feuilletés

Für 4 Personen

Ein hausgemachtes Süppchen macht viel her, gibt aber wie hier nur wenig zu tun und lässt sich erst noch gut vorbereiten. Rote Linsen haben einen besonders feinen, milden Geschmack. Sie sind geschält, müssen deshalb nur kurz gekocht werden und zerfallen schnell. Das macht sie zu einer idealen Basis für eine Suppe. Leider verlieren sie beim Garen ihre intensive Farbe und werden fast gelb. Wer es noch einfacher haben möchte: Aufs Backen der Speck-Feuilletés verzichten und stattdessen Blätterteiggebäck kaufen!

Feuilletés:

100 g Blätterteig
50 g Rohessspeck, in dünne Scheiben geschnitten
schwarzer Pfeffer aus der Mühle

Suppe:

1 Schalotte
1 Knoblauchzehe
1 Esslöffel Butter
100 g rote Linsen
100 ml Noilly Prat oder halb trockener Sherry, halb Weisswein
½ l Gemüse- oder Hühnerbouillon
1 Lorbeerblatt
100 ml Rahm
1 Messerspitze edelsüsser Paprika
2 Esslöffel Grappa
Salz, schwarzer Pfeffer aus der Mühle

1 Auf der leicht bemehlten Arbeitsfläche den Blätterteig zu einem Rechteck auswallen. Mit ganz wenig Wasser bestreichen und halbieren. Die eine Teighälfte auf Backpapier geben, mit den Speckscheiben belegen und diese leicht pfeffern. Mit dem zweiten Teigrechteck decken (→ Randtipp Bild A). 30 Minuten in den Tiefkühler geben.

2 Den Backofen auf 200 Grad vorheizen.

3 Die angefrorene Blätterteigplatte mit einem scharfen Messer in ½ cm breite Streifen schneiden und diese wie eine Kordel spiralförmig verdrehen (→ Bild B). Auf ein mit Backpapier belegtes Blech legen. Sofort im 200 Grad heissen Ofen auf der zweituntersten Rille 10–12 Minuten backen. Herausnehmen und abkühlen lassen.

4 Für die Suppe die Schalotte und den Knoblauch schälen und fein hacken.

5 In einem Topf die Butter erhitzen. Schalotte und Knoblauch darin glasig dünsten. Die Linsen beifügen und mit Noilly Prat und Bouillon ablöschen. Das Lorbeerblatt dem Rand entlang einreissen und beifügen. Die Linsen zugedeckt auf kleinem Feuer etwa 20 Minuten sehr weich kochen.

6 Rahm und Paprika zur Suppe geben und weitere 5 Minuten kochen lassen. Dann die Suppe fein pürieren. Beiseitestellen.

7 Vor dem Servieren die Suppe nochmals gut aufkochen. Mit dem Grappa parfümieren und mit Salz sowie Pfeffer abschmecken. Mit dem Stabmixer nochmals kurz aufschäumen. Dann sofort in tiefe Teller oder Tassen anrichten und 2 Speckstangen darüberlegen.

Für weniger/mehr Gäste
2 Personen: Zutaten halbieren.
6 und mehr Personen: Zutaten entsprechend der Gästezahl vervielfachen.

→ Blätterteigstangen hausgemacht
Auf die gleiche Art wie die Speck-Feuilletés lässt sich der Blätterteig auch mit geriebenem Käse wie Parmesan oder Gruyère, Dörrtomaten, Kräutern, Rohschinken oder Bündnerfleisch belegen. Anstelle von Wasser kann man den Teig auch mit wenig Eiweiss bestreichen. Und so geht man vor:

A Die eine ausgewallte Teighälfte auf Backpapier geben, mit den Speckscheiben belegen und diese leicht pfeffern. Mit dem zweiten Teigrechteck decken. Unbedingt 30 Minuten in den Tiefkühler geben, dann lässt sich anschliessend der Teig besser schneiden!

B Den angefrorenen Blätterteig mit einem scharfen Messer in ½ cm breite Streifen schneiden und diese wie zu einer Kordel verdrehen. Die Blätterteigstangen sofort im 200 Grad heissen Ofen 10–12 Minuten backen.

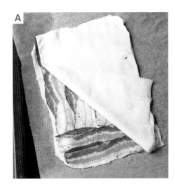

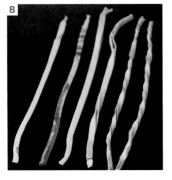

Kräuterlachs aus dem Ofen mit Zucchetti und Kartoffeln

Für 4 Personen

Eine gute Vorbereitung ist die Voraussetzung für jedes Gästeessen. Dieses Fischgericht kann so weit vorbereitet werden, dass man es vor dem Essen nur noch in den Ofen schieben muss. Und während es backt, wird die Zucchetti-Kartoffel-Pfanne fertiggestellt – auch dies geht fast von allein! Anstelle von Zucchetti kann man auch Broccoli verwenden.

12–16 kleine Kartoffeln
1 Bund Dill
1 Bund Estragon
1 Bund Kerbel
1 Bund glattblättrige Petersilie
80 g weiche Butter
2 Teelöffel scharfer Senf
Salz, schwarzer Pfeffer aus der Mühle
½ Zitrone
600–700 g rohes Lachsfilet, ohne Haut
600 g Zucchetti
2–3 Esslöffel Olivenöl

1 Die Kartoffeln unter fliessendem kaltem Wasser gründlich bürsten, jedoch nicht schälen. In einen Topf geben, zu ⅔ mit Wasser bedecken, aufkochen und zugedeckt 20–25 Minuten weich garen. Abschütten und gut abtropfen lassen. Beiseite-, aber nicht kühl stellen.
2 Inzwischen von Dill, Estragon, Kerbel und Petersilie die Blättchen von den Zweigen zupfen und hacken.
3 In einer kleinen Schüssel die weiche Butter gut durchrühren, bis sich Spitzchen bilden. Die gehackten Kräuter, den Senf, Salz und Pfeffer beifügen. Die Zitronenschale fein dazureiben und alles gut mischen.
4 Den Saft der halben Zitrone auspressen.

5 Den Lachs mit den Fingern nach Gräten abtasten und diese mit einer Pinzette entfernen. Braune, tranige Stellen auf der Oberseite des Filets wegschneiden (→ Randtipp Bild A). Den Lachs in eine Gratinform legen und mit dem Zitronensaft beträufeln. Etwa ⅔ der Kräuterbutter mit Hilfe eines Löffels auf der Oberseite des Lachsfilets ausstreichen (→ Bild B).
6 Die Zucchetti waschen und die Stielansätze entfernen. Die Zucchetti in kleinfingergrosse Stängelchen schneiden.
7 Den Ofen auf 200 Grad vorheizen.
8 Den Lachs im 200 Grad heissen Ofen auf der zweituntersten Rille 12–15 Minuten backen; er soll innen noch ganz leicht glasig sein.
9 Gleichzeitig in einer beschichteten Bratpfanne das Olivenöl erhitzen. Die Zucchetti darin unter gelegentlichem Wenden 5 Minuten braten und leicht Farbe annehmen lassen. Dann die Kartoffeln beifügen, das Gemüse mit Salz und Pfeffer würzen und nochmals 3–4 Minuten braten. Am Schluss die restliche Kräuterbutter dazugeben, schmelzen lassen und gut untermischen.
10 Den Lachs aus dem Ofen nehmen und das Gemüse rund um den Lachs verteilen. Sofort servieren.

Für weniger/mehr Gäste
2 Personen: Zutaten halbieren.
6 und mehr Gäste: Zutaten entsprechend der Gästezahl vervielfachen.

→ **Perfekter Lachsgenuss**
Damit Lachs zum ungetrübten Genuss wird, sollten Sie ihn richtig vorbereiten, denn wer mag schon Gräten im Fischfleisch oder einen zu stark fischigen Geschmack?

A Den Lachs mit den Fingern nach Gräten abtasten und diese, falls vorhanden, mit einer Pinzette herausziehen. Braune, tranige Stellen auf der Oberseite des Filets unbedingt wegschneiden, denn sie schmecken unangenehm.

B Den Lachs in eine Gratinform legen und mit dem Zitronensaft beträufeln. Etwa ⅔ der Kräuterbutter mit Hilfe eines Löffels auf der Oberseite des Lachses ausstreichen. Bis hierher kann man das Fischgericht ½ Tag im Voraus zubereiten.

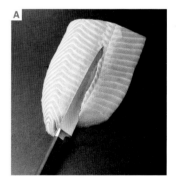

Portweinzwetschgen

Für 4 Personen

Zwetschgen sind eine typische Spätsommerfrucht. Aber keine Bange: Es gibt sie in guter Qualität auch tiefgekühlt. Oder aber man wählt für dieses Dessert die etwas früher reifen Pflaumen, die allerdings nur ganz kurz gegart werden dürfen, da sie rasch zerfallen. Auch Aprikosen, Nektarinen oder Pfirsiche eignen sich. Aprikosen werden wie die Zwetschgen halbiert, Nektarinen oder Pfirsiche in Schnitze geschnitten. Bei Verwendung von Pfirsichen empfiehlt sich zudem, die leicht pelzige Haut abzuziehen. Dazu die Früchte kurz in heisses Wasser tauchen, kalt abschrecken und anschliessend häuten.

800 g Zwetschgen (evtl. tiefgekühlt)
300 ml roter Portwein
2 Päckchen Bourbon-Vanillezucker
4 Esslöffel Zucker
100 ml Rahm
100 g Joghurt nature

Bourbon-Vanillezucker
Bourbon-Vanillezucker ist Kristallzucker, der mit natürlicher, also echter Vanille aromatisiert wurde. Dies unterscheidet ihn auch vom sogenannten Vanillinzucker, der mit Vanillin hergestellt wird, einem chemisch hergestellten Stoff, dessen Aroma der Vanille ähnlich ist. Man kann Bourbon-Vanillezucker auch selbst herstellen: Dazu 1 Vanilleschote der Länge nach vierteln, in Stückchen schneiden und an der Luft trocknen lassen. Anschliessend mit 50 g Zucker im Cutter fein mahlen. Diese Mischung mit weiteren 250 g Zucker in ein gut verschliessbares Glas geben und mindestens 2 Tage durchziehen lassen. Dieser hausgemachte Vanillezucker ist gut 1 Jahr haltbar.

1 Die Zwetschgen waschen, halbieren und entsteinen. Tiefgekühlte Zwetschgen an-, jedoch nicht auftauen lassen.
2 Portwein, Vanillezucker und Zucker in einen eher weiten Topf geben, aufkochen und 2–3 Minuten kochen lassen.
3 Die Zwetschgen in 2 Portionen garen: Die Früchte in den leicht kochenden Sud geben und zugedeckt auf kleinem Feuer knapp weich garen. Mit einer Schaumkelle herausheben, gut abtropfen lassen und in eine Schüssel geben.
4 Den Sud auf grossem Feuer auf 100 ml einkochen lassen. Die Hälfte des Suds über die Zwetschgen träufeln und diese beiseite-, jedoch nicht kühl stellen. Den restlichen Sud in eine Espressotasse giessen und ebenfalls abkühlen lassen, jedoch nicht kalt stellen.
5 Den Rahm steif schlagen. Den Joghurt unterrühren. Die Rahmmischung kalt stellen.
6 Zum Servieren den beiseitegestellten Portweinsud leicht unter die Rahmmischung rühren, sodass diese marmoriert aussieht. Die Zwetschgen in Dessertgläser anrichten und den Joghurtrahm als Haube darüber verteilen.

Für weniger/mehr Gäste
2 Personen: Zutaten halbieren.
6 Personen: Rezept in 1½-facher Menge zubereiten, jedoch für den Sud nur 350 ml Portwein, 2 Päckchen Vanillezucker und 4 Esslöffel Zucker verwenden. Die Zwetschgen in 3 Portionen garen.
8 Personen: Rezept in doppelter Menge zubereiten, jedoch nur die 1½-fache Menge für den Sud berechnen.

Der Arbeitsplan

4–6 Stunden vorher
– Speck-Feuilletés und Suppe zubereiten.
– Portwein-Zwetschgen zubereiten (bis Punkt 5).
– Lachs bis aufs Backen vorbereiten.
– Zucchetti und Kartoffeln bis aufs Braten vorbereiten.

Vor dem Essen
– Backofen für den Lachs vorheizen. Die Speck-Feuilletés während des Aufheizens in den Ofen geben, bis dieser die Endtemperatur erreicht hat. Dadurch sind die Blätterteigstangen zum Servieren wieder lauwarm.
– Suppe aufkochen und fertigstellen.

Nach der Vorspeise
– Lachs in den Ofen geben.
– Zucchetti und Kartoffeln braten.

Nach dem Hauptgang
– Dessert fertigstellen.

Perfekt kombiniert: Klassische und exotische Gaumenfreuden

Avocado-Cappuccino

Lammhuft Burgunder Art mit Linsenschnittchen

Flambierte Pfeffer-Mango

Lammhuft Burgunder Art mit Linsenschnittchen

Flambierte Pfeffer-Mango

Das Fleisch der Lammhuft – sie stammt aus der Keule – ist zart und mager. Eine Lammhuft wiegt in der Regel 150–200 g und reicht für 2 Personen. Am saftigsten schmeckt sie rosa gebraten. Ersatzweise können Sie Lammrückenfilet wählen, dessen Zubereitung etwas schneller geht, da das Fleischstück in der Regel weniger dick ist.

Welches Fleischstück sich auch eignet

- **Schweinsfilet:** Anbraten: rundum insgesamt 4 Minuten. Nachgaren: 1½ Stunden. Fertiggaren: 5–6 Minuten in aufsteigender Hitze.
- **Entrecôte double:** Pro Stück 300–400 g. Anbraten: je nach Dicke und gewünschter Garstufe rundum, auch kurz an den Enden, insgesamt 2½–3 Minuten. Nachgaren: 1 Stunde (blutig, saignant) bis 1½ Stunden (rosa, à point). Fertiggaren: 5 Minuten in aufsteigender Hitze.
- **Pouletbrust:** Anbraten: je nach Grösse auf jeder Seite 1½–2 Minuten. Nachgaren: 45–60 Minuten. Fertiggaren: 5 Minuten in aufsteigender Hitze.

Avocado-Cappuccino

Für 6 Personen

Diese zarte Gemüse-Vorspeise erinnert mit ihren Schichten an einen Cappuccino. Als Beilage serviere ich gerne mit Knoblauchbutter bestrichenen Toast oder Baguette.

500 g Cherrytomaten
1 Bund glattblättrige Petersilie
½ Bund Basilikum
Salz, schwarzer Pfeffer aus der Mühle
2 Frühlingszwiebeln
6 Esslöffel frisch gepresster Grapefruitsaft
Saft von 1 Limette
½ Teelöffel Zucker
6 Esslöffel kräftige Gemüsebouillon
3 reife Avocado
einige Tropfen Tabasco oder wenig Cayennepfeffer
1 Becher griechischer Joghurt (180 g)

1 Die Cherrytomaten waschen. Je nach Grösse in Viertel oder Sechstel schneiden. Einige schöne Petersilienblätter für die Garnitur beiseitelegen, die restlichen Blätter sowie die Basilikumblätter fein hacken. Mit den Cherrytomaten mischen und diese kräftig mit Salz und Pfeffer würzen. Mit Klarsichtfolie decken und beiseitestellen, aber nicht in den Kühlschrank!
2 Die Frühlingszwiebeln mitsamt schönem Grün in feinste Ringe schneiden. Grapefruit- und Limettensaft mit dem Zucker verrühren. Mit den Frühlingszwiebeln und der Gemüsebouillon in einen hohen Becher geben. Die Avocados halbieren, den Stein entfernen, das Fruchtfleisch mit einem Löffel aus der Schale lösen und in den Becher geben. Alles mit Tabasco oder Cayennepfeffer sowie Salz würzen und mit dem Stabmixer fein pürieren. Wenn nötig nachwürzen. Mit Klarsichtfolie bedeckt bis zum Servieren beiseitestellen.
3 Kurz vor dem Servieren in 6 Gläser abwechselnd Avocadopüree und Cherrytomaten einschichten. Mit einem Klacks Joghurt abschliessen. Mit Petersilienblättern garnieren.

Für weniger/mehr Gäste
2 Personen: Rezept in ⅓ der Menge zubereiten.
4 Personen: Rezept in ⅓ der Menge zubereiten.
8 und mehr Personen: Rezept entsprechend der Gästezahl in 1⅓-facher, 1⅔-facher Menge usw. zubereiten.

Lammhuft Burgunder Art

Für 6 Personen

Unter «Burgunder Art» versteht man immer ein Gericht, das an einer kräftigen Rotweinsauce zusammen mit Champignons und kleinen Zwiebelchen geschmort wird. In diesem Rezept sind es zarte Lammhüftchen, die zwar nicht geschmort, sondern mit Niedertemperatur gegart werden, aber die würzige Sauce dazu ist der klassischen Variante nachempfunden. Frische Saucenzwiebelchen findet man im Angebot grösserer Lebensmittelgeschäfte. Die Alternative dazu sind kleine Schalotten, die überall problemlos erhältlich sind.

Sauce:
400 g Saucenzwiebelchen
400 g Champignons
2 Knoblauchzehen
1 Esslöffel Butter
1 Esslöffel Tomatenpüree
½ Teelöffel edelsüsser Paprika
½ Teelöffel Zucker
100 ml roter Portwein
300 ml Rotwein
1 gehäufter Teelöffel Fleischextrakt oder Fleischbouillonpaste
1 Zweig Rosmarin
4 Zweige Thymian

Fleisch:
4 Lammhüftchen, je ca. 200 g
Salz, schwarzer Pfeffer aus der Mühle
3–4 Esslöffel Olivenöl
50 ml roter Portwein

Zum Fertigstellen:
1 Bund glattblättrige Petersilie
60 g kalte Butter

1 Reichlich Wasser aufkochen. Die Zwiebelchen oder Schalotten ungeschält hineingeben und 1 Minute blanchieren. Dann abschütten und kalt abschrecken. Den Wurzelansatz der Zwiebelchen abschneiden und diese aus den Häuten drücken (→ Randtipp rechts).

2 Die Champignons rüsten und je nach Grösse ganz belassen, halbieren oder vierteln. Den Knoblauch schälen und in Scheibchen schneiden.

3 In einem mittleren Topf die Butter erhitzen. Die Zwiebelchen sowie den Knoblauch etwa 2 Minuten andünsten. Tomatenpüree, Paprika und Zucker beifügen und alles nochmals gut 1 Minute mitrösten. Die Pilze beifügen und Portwein sowie Rotwein dazugiessen. Fleischextrakt oder Boullionpaste, Rosmarin- sowie Thymianzweige beifügen und alles aufkochen. Offen auf lebhaftem Feuer unter gelegentlichem Umrühren so lange kochen lassen, bis noch etwa 200 ml Flüssigkeit vorhanden sind. Beiseitestellen.

4 Den Backofen auf 80 Grad vorheizen. Eine Platte mitwärmen.

5 Die Lammhüftchen mit Salz und Pfeffer kräftig würzen. In einer Bratpfanne das Olivenöl erhitzen. Die Lammhüftchen darin rundum insgesamt 3½–4 Minuten anbraten. Herausnehmen, auf die vorgewärmte Platte geben und 1–1¼ Stunden nachgaren lassen.

6 Den Bratensatz mit dem Portwein auflösen. Durch ein kleines Sieb zur Sauce giessen.

7 Die Petersilie fein hacken.

8 Am Ende der Nachgarzeit die Ofentemperatur von 80 Grad auf 230 Grad erhöhen und die Lammhüftchen in der aufsteigenden Hitze 5–6 Minuten Temperatur annehmen lassen. Wichtig: Die Zeit ab Umstellen der Ofentemperatur bemessen!

9 Inzwischen die Sauce nochmals 2–3 Minuten lebhaft kochen lassen. Die Butter in kleinen Stücken beifügen und in die Sauce einziehen lassen. Die Hälfte der Petersilie beifügen und die Sauce mit Salz und Pfeffer sowie wenn nötig mit etwas Zitronensaft oder Zucker abschmecken (ob das eine oder das andere, hängt vor allem vom verwendeten Rotwein ab).

10 Die Lammhüftchen aus dem Ofen nehmen, in Scheiben aufschneiden und mit den Zwiebelchen, den Pilzen und der Sauce anrichten. Mit der restlichen Petersilie bestreuen.

Für weniger/mehr Gäste
3 Personen: Zutaten halbieren.
8–9 Personen: Rezept in 1½-facher Menge zubereiten.
10–12 Personen: Rezept in doppelter Menge zubereiten, jedoch für die Sauce nur 150 ml roten Portwein und ½ l Rotwein verwenden. Die Anzahl Fleischstücke der Gästezahl anpassen.

Linsenschnittchen

Für 6 Personen als Beilage

Durch die Beigabe von Linsen erhalten diese Griessschnitten Biss, Farbe und Aroma.

150 g grüne oder kleine braune Linsen
⅓ Bund Thymian
1 frisches Lorbeerblatt
1 Gewürznelke
¼ l Milch
¼ l kräftige Gemüsebouillon
1 Esslöffel Butter
150 g Griess
1 Bund glattblättrige Petersilie
1 Bund Schnittlauch
2 Eigelb
25 g frisch geriebener Parmesan oder Sbrinz
Salz, schwarzer Pfeffer aus der Mühle
2 Esslöffel Bratbutter

1 Die Linsen in einen Topf geben und mit Wasser bedecken. Die Thymianzweige dazulegen. Das Lorbeerblatt mit der Gewürznelke bestecken und beifügen. Alles zugedeckt je nach Sorte und Qualität der Linsen 30–50 Minuten nicht zu weich kochen. Abschütten und gut abtropfen lassen.

2 In einem Topf Milch, Bouillon und Butter aufkochen. Unter Rühren den Griess einrieseln lassen und dann zugedeckt unter häufigem Rühren auf kleinstem Feuer etwa 5 Minuten zu einem dicken Brei ausquellen lassen.

3 Die Petersilie fein hacken. Den Schnittlauch in Röllchen schneiden.

4 Den Griess vom Feuer nehmen. Eigelb und Käse kräftig unterrühren. Dann Linsen, Petersilie und Schnittlauch daruntermischen. Die Masse mit Salz und Pfeffer würzen.

5 Die Linsen-Griess-Masse etwa 1½ cm hoch rechteckig auf einem Backpapier ausstreichen und mindestens 1 Stunde kühl stellen.

6 Kurz vor dem Servieren die Linsen-Griess-Masse in Rechtecke schneiden.

7 In einer Bratpfanne die Bratbutter erhitzen. Die Linsenschnitten darin goldbraun braten.

Für weniger/mehr Gäste
3 Personen: Zutaten halbieren.
8–9 Personen: Rezept in 1½-facher Menge zubereiten.
10–12 Personen: Rezept in doppelter Menge zubereiten.

→ **Aus der Haut gepellt**
Die gut haselnussgrossen Perl- oder Silberzwiebeln mit ihrem mild-würzigen Geschmack werden geerntet, bevor sie ihre volle Grösse erreicht haben. Man verwendet sie vor allem ganz zum Einlegen sowie für Saucengerichte – deshalb auch die Bezeichnung Saucenzwiebelchen. Am einfachsten und ohne Tränenvergiessen geht das Schälen der frischen Zwiebelchen, wenn man sie etwa 1 Minute in kochendes Wasser legt, kalt abschreckt, den Wurzelansatz wegschneidet und dann die Früchte aus der Schale drückt.

Flambierte Pfeffer-Mango

→ **Mango – dekorativ geschnitten**
Die Mangohälften dieses attraktiven Desserts werden mit der Schale serviert, welche die einzelnen Würfel noch zusammenhält. Damit man die Mangos schön einschneiden kann und sie durch das Erwärmen nicht matschig werden, sollte man reife, aber nicht weiche Mangos verwenden.
Und so bereitet man die Mangos vor:

A Von den ungeschälten Mangos je 2 möglichst grosse Stücke rechts und links vom Stein schneiden.

B Das Fruchtfleisch gitterartig bis auf die Schale einschneiden.

C Die Stücke sorgfältig leicht nach oben wölben, sodass die entstandenen Mangowürfel auseinanderklaffen.

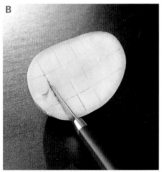

Für 6 Personen

Ein Gericht mit Showeffekt: Flambieren sieht immer spektakulär aus. Deshalb macht man es am besten in der Pfanne am Tisch und nicht hinter der verschlossenen Küchentür! Die Beigabe von etwas Pfeffer, am besten frisch und eher grob gemahlen, unterstreicht das Aroma der Mango. Man gibt ihn erst kurz vor dem Servieren über die Früchte, da sich die Würzkraft durch Kochen oder Stehenlassen vermindert.

3 grosse, festfleischige Mangos
1 Orange
60 g Zucker
20 g Butter
75 ml Kirsch
3–4 Umdrehungen grob gemahlener schwarzer Pfeffer

1 Von den ungeschälten Mangos je 2 möglichst grosse Stücke rechts und links vom Stein schneiden (→ Randtipp Bild A). Dann das Fruchtfleisch gitterartig bis auf die Schale einschneiden (→ Bild B). Die Mangohälften leicht nach oben wölben (→ Bild C).
2 Das restliche Mangofruchtfleisch vom Stein schneiden, allfällige Schalenreste entfernen und das Fruchtfleisch in einen hohen Becher geben. Den Saft der Orange auspressen, beifügen und alles fein pürieren.

3 In einer weiten Chromstahlpfanne oder in einer Flambierpfanne den Zucker bei mittlerer Hitze zu hellbraunem Karamell schmelzen. Die Butter beifügen und aufschäumen lassen. Das Mangopüree beifügen und erhitzen, bis sich der Karamell aufgelöst hat. Bis zum Servieren in der Pfanne beiseite-, jedoch nicht kühl stellen.
4 Zum Flambieren die Mangosauce nochmals aufkochen. Den Kirsch in einem kleinen Topf erwärmen.
5 Die eingeschnittenen Mangostücke in den Mango-Karamell legen und nur leicht warm werden lassen, dabei mit Mango-Karamell beträufeln. Dann den warmen Kirsch darübergeben und entzünden. Am Schluss mit wenig frisch gemahlenem Pfeffer bestreuen.
6 Die Mangohälften auf Tellern anrichten und mit Sauce beträufeln. Nach Belieben mit Minze- oder Thai-Basilikum-Blättchen oder einem Tupfer Crème fraîche garnieren.

Für weniger/mehr Gäste
2 Personen: Rezept in ⅓ der Menge zubereiten.
3–4 Personen: Rezept in ⅔ der Menge zubereiten.
7–8 Personen: Rezept in 1⅓-facher Menge zubereiten. Es muss in 2 Portionen flambiert werden.
Mehr Gäste: Flambierte Desserts eignen sich nicht für eine grosse Gästerunde.

Der Arbeitsplan

Am Vortag
– Linsenschnitten vorbereiten (bis Punkt 5).

4 Stunden vorher
– Avocado-Cappuccino zubereiten (bis Punkt 2).
– Sauce für das Fleisch zubereiten (bis Punkt 3).
– Pfeffer-Mango vorbereiten (bis Punkt 3).

¾ Stunde vorher
– Backofen auf 80 Grad vorheizen.
– Lammhuft anbraten und nachgaren.

Vor dem Essen
– Avocado-Cappuccino anrichten.

Nach der Vorspeise
– Linsenschnitten braten.
– Lammhuft fertigstellen.
– Sauce aufkochen und fertigstellen.

Nach dem Hauptgang
– Mangos flambieren.

Für unkomplizierte Gäste

Grüne Gazpacho

Blitz-Paella

Aprikosen-Vanille-Grütze

Grüne Gazpacho

Blitz-Paella

Aprikosen-Vanille-Grütze

Joghurt & Co.

Auf dem Markt sind verschiedene angesäuerte Milchprodukte zu finden. Die einen sind etwas saurer, die anderen cremig und die dritten rahmig. Hier die wichtigsten Produkte:

– **Joghurt** gibt es mit unterschiedlichem Fettgehalt. Bei normalem Joghurt beträgt er 3,5 Prozent Fett, bei Magermilch-Joghurt 0,1 Prozent Fett. Orientalische und indische Joghurts weisen in der Regel einen Fettgehalt von bis zu 10 Prozent auf, was sie nicht nur weniger säuerlich schmecken lässt, sondern auch verhindert, dass sie beim Erhitzen in einer Suppe oder Sauce sofort ausflocken.

– **Nordische Sauermilch:** Diese mit speziellen Bakterien angesäuerte Dickmilch ist oft mit Rahm angereichert und hat einen Fettgehalt von 6–12 Prozent. Den Konsumenten ist Sauermilch meist besser unter verschiedenen Markennamen wie M-Dessert (Migros), Dessert (Coop), Viking oder Fjord bekannt. Sauermilch kann ersetzt werden durch Vollmilchjoghurt nature, dem man pro Glas oder Becher 2 gehäufte Esslöffel Crème fraîche beifügt. Auch saurer Halbrahm ist eine gute Alternative.

– **Saurer Halbrahm** wird wie Sauerrahm (auch Crème fraîche genannt) mit Milchsäurebakterien leicht angesäuert. Er erhält dadurch einen frischen, milden Geschmack. Da saurer Halbrahm nur 15 Prozent Fett enthält, ist er deutlich kalorienärmer als Crème fraîche, eignet sich wegen seines tiefen Fettgehalts aber nicht zum Kochen, da er beim Erhitzen ausflockt. Sehr gut einsetzbar ist er hingegen in der kalten Küche, wo er auch griechischen oder türkischen Joghurt oder nordische Sauermilch ersetzen kann.

Grüne Gazpacho

Für 4 Personen

Eine originelle Abwandlung der berühmten kalten spanischen Suppe: Erbsen, Gurke, Frühlingszwiebeln, Petersilie und Kresse verleihen dieser leichten Vorspeise eine intensiv grüne Farbe. Servieren Sie die Suppe auf keinen Fall zu kalt, sonst kommt das Aroma zu kurz. Lieber ½–¾ Stunde vor dem Essen aus dem Kühlschrank nehmen und dafür die Gläser oder Tassen zum Servieren vorkühlen.

400 ml Gemüsebouillon
150 g tiefgekühlte Erbsen
1 grosse Salatgurke
2 Frühlingszwiebeln
2 Bund glattblättrige Petersilie
75 g Kresse
4 Esslöffel Olivenöl
2 Esslöffel Zitronensaft
Salz, schwarzer Pfeffer aus der Mühle
1 Becher griechischer Joghurt oder nordische Sauermilch (180 g)

1 Die Bouillon und die Erbsen in einen kleinen Topf geben, aufkochen und zugedeckt 3–4 Minuten kochen lassen. In ein hohes Gefäss geben, in dem später die Suppe püriert werden kann, und abkühlen lassen.

2 Die Gurke schälen, der Länge nach halbieren, entkernen und klein würfeln. Die Frühlingszwiebeln mitsamt schönem Grün rüsten und fein hacken. Die Petersilie ebenfalls hacken. Alle diese Zutaten zur Bouillon-Erbsen-Mischung geben.

3 Die Kresse waschen. ⅓ davon für die Garnitur der Suppe beiseitestellen. Die restliche Kresse ins Gefäss zu den restlichen Suppenzutaten geben.

4 Olivenöl und Zitronensaft zu den Suppenzutaten geben und alles mit dem Stabmixer sehr fein pürieren. Die Suppe mit Salz und Pfeffer würzen. Wenn nötig kühl stellen.

5 In einem Schüsselchen den Joghurt oder die nordische Sauermilch mit Salz und Pfeffer verrühren. Ebenfalls kühl stellen.

6 Vor dem Servieren die Suppe nochmals kurz durchrühren. In 4 hohe Gläser oder in Suppentassen anrichten. Jeweils die Hälfte des Joghurts oder der Sauermilch daraufgeben und mit einer Gabel schlierenartig verrühren. Mit der beiseitegestellten Kresse garnieren und sofort servieren.

Für weniger/mehr Gäste
2 Personen: Zutaten halbieren.
6 und mehr Personen: Zutaten der Gästezahl entsprechend vervielfachen.

Blitz-Paella

Für 4 Personen

Die Zubereitung einer Paella erfordert einen grossen Topf. Sehr gut eignet sich ein hochrandiger Wok oder ein Bräter. Doch für mehr als 8 Personen lässt sich das berühmte spanische Eintopfgericht nur noch mit einer speziellen Paella-Pfanne zubereiten, die meist über dem offenen Feuer zum Einsatz kommt. Die von mir für die Paella ausgewählten Gemüse können übrigens sehr gut durch andere wie grüne Bohnen, Erbsen, Zucchetti, Broccoli, Blumenkohl usw. ausgetauscht werden.

Je 1 rote und gelbe Peperone
4 Zweige Stangensellerie
2 grosse Karotten
1 Bund Frühlingszwiebeln
2 Knoblauchzehen
400 g Pouletbrüstchen
200 ml Weisswein
400 ml Hühnerbouillon
2 Briefchen Safran
6–8 Esslöffel Olivenöl
Salz, schwarzer Pfeffer aus der Mühle
12 Kalbs- oder Schweinscipollata,
evtl. auch gemischt
300 g Parboiled-Reis (siehe Randtipp)
2–3 Teelöffel Zitronensaft

1 Die Peperoni halbieren, entkernen, dann in breite Streifen und diese in Vierecke schneiden. Vom Stangensellerie wenn nötig grobe Fäden abziehen und die Zweige schräg in knapp 1 cm breite Stücke schneiden. Die Karotten schälen und schräg in dünne Scheiben schneiden. Die Frühlingszwiebeln rüsten, dabei schönes Grün an den Zwiebeln belassen. Die weissen Zwiebelknollen abschneiden und halbieren, das Zwiebelgrün in Ringe schneiden. Die Knoblauchzehen schälen und in Scheibchen schneiden.

2 Die Pouletbrüstchen zuerst in dicke Scheiben schneiden, dann diese halbieren.

3 In einem kleinen Topf Weisswein und Bouillon aufkochen. Den Safran darin auflösen. Beiseitestellen.

4 In einem grossen Bräter oder in einem Wok die Hälfte des Olivenöls (3–4 Esslöffel) rauchheiss erhitzen. Die Pouletstücke mit Salz und Pfeffer würzen und in die Pfanne geben. Auf der ersten Seite 1 Minute kräftig anbraten, dann wenden und auf der zweiten Seite nicht länger als 20 Sekunden braten. Sofort auf einen Teller geben.

5 Im Bratensatz bei mittlerer Hitze die Cipollata-Würstchen beidseitig 3–4 Minuten goldbraun anbraten. Zum Fleisch auf den Teller geben.

6 Das restliche Öl (3–4 Esslöffel) zum Bratensatz geben und erhitzen. Alle vorbereiteten Gemüse, die Frühlingszwiebeln und den Knoblauch beifügen und unter Wenden etwa 2 Minuten andünsten. Den Reis beifügen und kurz mitrösten. Die Safran-Bouillon dazugiessen und aufkochen. Dann die Pouletstücke untermischen. Die Cipollata-Würstchen auf den Reis legen. Alles zugedeckt auf kleinem Feuer etwa 15 Minuten garen. Am Schluss, wenn der Reis körnig weich ist, die Paella mit Salz, Pfeffer und Zitronensaft abschmecken.

Für weniger/mehr Gäste
2 Personen: Zutaten halbieren.
6 Personen: Rezept in 1½-facher Menge zubereiten.
8 Personen: Rezept in doppelter Menge zubereiten.

Parboiled-Reis
Diese Reisspezialität ist den meisten Konsumenten wohl besser bekannt unter dem Markennamen «Uncle Ben's». Durch ein spezielles Verfahren werden 80 Prozent der Vitamine und Mineralstoffe des Reises mit Dampf- und Wasserdruck ins Korn gepresst. Dadurch bleibt Parboiled-Reis besonders kochfest und klebt nicht. Parboiled-Reis ist sowohl als Langkorn- wie auch als Mittelkornsorte erhältlich. Langkornreis eignet sich vor allem für die Zubereitung von Trockenreis und Pilaw, Mittelkornreis für Paella und Risotto. Beide Sorten haben den grossen Vorteil, dass sie lange körnig bleiben.

Aprikosen-Vanille-Grütze

Für 4 Personen

Grütze kennt man meistens mit roten Beeren-
früchten wie Erdbeeren, Himbeeren und
Johannisbeeren zubereitet. Genauso fein
schmeckt diese Abwandlung mit Aprikosen.
Verwendet man tiefgekühlte Früchte,
diese nur antauen lassen, dann in Schnitze
schneiden. Auf die gleiche Weise kann
man auch eine Pfirsichgrütze zubereiten. Dazu
müssen die Pfirsiche jedoch zuerst gehäutet
werden.

300 ml frisch gepresster Orangensaft
(aus 4–5 Orangen)
100 ml Weisswein
50 g Zucker
1 Päckchen Bourbon-Vanillezucker
1 Vanilleschote
750 g Aprikosen (evtl. tiefgekühlt)
1 gehäufter Esslöffel Maisstärke (Maizena)
50 ml Wasser

Zum Servieren:
150 g Doppelrahm
1 Päckchen Bourbon-Vanillezucker
4 kleine Zweige Minze oder Basilikum

1 In einem eher weiten Topf Orangensaft,
Weisswein, Zucker, Vanillezucker sowie
die der Länge nach aufgeschnittene Vanilleschote mit den herausgeschabten Samen
aufkochen. Den Sud zugedeckt auf kleinem
Feuer 5 Minuten leise kochen lassen.
2 Inzwischen die Aprikosen waschen, halbieren,
entsteinen und in 1 cm dicke Schnitze schneiden.
3 Die Aprikosen in 2 Portionen im Orangensud
zugedeckt jeweils 2–3 Minuten knapp
weich garen. Mit einer Schaumkelle herausheben und in eine Schüssel geben.
4 Die Maisstärke mit dem Wasser glatt rühren
und in den leicht kochenden Orangensud
einrühren. Einmal kräftig aufkochen, bis der Sud
bindet, dann über die Aprikosen giessen und
auskühlen lassen.
5 Zum Servieren den Doppelrahm und den
Vanillezucker verrühren. Die Aprikosengrütze
in Dessertschalen oder Gläsern anrichten.
Etwas Doppelrahm darübergeben und das
Dessert mit Minze oder Basilikum garnieren.

Für weniger/mehr Gäste
2 Personen: Zutaten halbieren, jedoch 200 ml Orangensaft verwenden.
6 Personen: Rezept in 1½-facher Menge zubereiten.
8 Personen: Rezept in doppelter Menge zubereiten.

Der Arbeitsplan

4 Stunden vorher
– Aprikosen-Vanille-Grütze zubereiten.
– Gazpacho zubereiten.
– Paella vorbereiten (bis Punkt 5).

Vor dem Essen
– Gazpacho fertigstellen.
– Paella zubereiten.

Nach dem Hauptgang
– Aprikosen-Vanille-Grütze anrichten.

Mit mediterranem Flair

Risotto mit rotem Chicorée

Ofen-Bouillabaisse

Gefüllte Grapefruits

Risotto mit rotem Chicorée

Ofen-Bouillabaisse

Gefüllte Grapefruits

Risotto mit rotem Chicorée

Für 4 Personen als Vorspeise oder Beilage

Wer noch nie roten Chicorée beziehungsweise Radicchio gekocht hat, sei vorgewarnt: Das attraktive Salatgemüse verliert leider seine schöne, intensiv bordeauxrote Farbe – aber wenigstens nicht den Geschmack! Ich stelle immer etwas rohe Chicoréestreifchen beiseite und garniere am Schluss den fertigen Risotto damit. Übrigens: Man kann Risotto tatsächlich vorgaren. In diesem Fall jedoch nur gut die Hälfte der Bouillon beifügen, vom Reis aufnehmen lassen, dann den Risotto beiseitestellen. Kurz vor dem Essen kommt dann die ganze restliche Bouillon auf einmal dazu, den Reis aufkochen, zugedeckt ohne Rühren auf kleinem Feuer ausquellen lassen und nach Rezept fertigstellen.

250 g roter Chicorée (siehe Randtipp)
2 grosse Schalotten
1 Bund glattblättrige Petersilie
20 g Butter
2 Esslöffel Olivenöl
150 g Risottoreis (z. B. Carnaroli oder Arborio)
100 ml Weisswein
etwa ½ l Gemüsebouillon
40 g frisch geriebener Parmesan
20 g Butter zum Verfeinern
Salz, schwarzer Pfeffer aus der Mühle

1 Vom roten Chicorée allfällige unschöne äussere Blätter entfernen und den unteren Teil des Strunks herausschneiden. Dann die Sprosse der Länge nach halbieren und in feine Streifen schneiden. Ein kleines Häufchen für die Garnitur beiseitestellen.
2 Die Schalotten schälen und fein hacken. Die Petersilie ebenfalls hacken.
3 In einer Pfanne die ersten 20 g Butter und das Olivenöl erhitzen. Die Schalotten darin glasig dünsten. Dann den Reis beifügen und unter Wenden mitdünsten, bis die Körner zu knistern beginnen. Den Wein, gut die Hälfte der Bouillon sowie die Chicoréestreifen beifügen und unter häufigem Rühren leise kochen lassen, bis der Reis die Flüssigkeit vollständig aufgesogen hat. Bis hierher kann man den Risotto vorbereiten.

4 Nun die restliche Bouillon beifügen und den Risotto bissfest garen; je nach gewünschter Konsistenz eventuell noch etwas Flüssigkeit nachgiessen. ⅔ der Petersilie, den Parmesan und die zweite Portion Butter untermischen und den Risotto mit Salz sowie Pfeffer abschmecken. Zugedeckt neben dem Herd noch etwa 2 Minuten ruhen lassen.
5 Den Risotto in vorgewärmte tiefe Teller anrichten und mit den beiseitegestellten Chicoréestreifen und der restlichen Petersilie bestreuen.

Für weniger/mehr Gäste
2 Personen: Zutaten halbieren, jedoch etwas mehr Bouillon bereitstellen, da kleine Mengen rascher verkochen.
6 Personen: Rezept in 1½-facher Menge zubereiten.
8 Personen: Rezept in doppelter Menge zubereiten.

Ofen-Bouillabaisse

Für 4 Personen

Die klassische französische Fischsuppe ist ein sehr einfaches, aber überaus harmonisches Gericht, das auch nicht viel Küchenarbeit macht, vor allem, wenn Sie es in meiner Variante im Ofen zubereiten. Anstelle von Meerfisch kann man selbstverständlich auch verschiedene einheimische Süsswasserfische wählen. Lassen Sie auf keinen Fall die traditionelle Rouille, eine Knoblauch-Mayonnaise weg. Sie macht erst so richtig den Charme der Bouillabaisse aus!

600–700 g gemischte Fischfilets
(z. B. Seeteufel, St-Pierre, Knurrhahn, Lachs)
schwarzer Pfeffer aus der Mühle
2 Zweigtomaten
2 kleinere Fenchel
1 Bund Frühlingszwiebeln
2 grosse Karotten
½ kleine Sellerieknolle
2 Knoblauchzehen
4–5 Esslöffel Olivenöl
Salz
50 ml Noilly Prat
100 ml Weisswein
600 ml Gemüsebouillon
1 Briefchen Safran

Zweimal roter Salat
Sie werden gerne in den gleichen Salatkorb geworfen: der längliche, rötliche Chicorée (unten im Bild), der eine Varietät des Brüsselers ist, und der Radicchio, von dem es verschiedene Sorten gibt. Der hier im Bild gezeigte kugelige Radicchio rosso di Chioggia hat einen festen Kopf und ein bitter-süsses Aroma. Wen dieses stört, sollte für den Risotto unbedingt roten Chicorée verwenden, denn er ist im Geschmack der mildeste aller roten Salate.

1 Die Fischfilets kurz kalt spülen, mit Küchenpapier trocken tupfen und wenn nötig Gräten entfernen. Die Fischfilets in gut 3 cm breite Streifen bzw. Stücke schneiden. Sparsam mit Pfeffer würzen. Auf eine Platte geben, mit Klarsichtfolie zudecken und kühl stellen.

2 Den Stielansatz der Tomaten herausschneiden und die Früchte in gut 1 cm dicke Schnitze schneiden. Zugedeckt beiseitestellen.

3 Schönes Fenchelgrün auf die Seite legen. Stiel- und Strunkansatz der Fenchel leicht zurückschneiden, dann die Knollen in 1 cm dicke Scheiben schneiden. Die Frühlingszwiebeln rüsten und das Grün so abschneiden, dass ein Stück von etwa 3 cm an der weissen Zwiebelknolle verbleibt. Die Zwiebeln der Länge nach halbieren. Restliches schönes Zwiebelgrün beiseitelegen. Karotten und Sellerie schälen. Die Karotten schräg in Scheiben, den Sellerie in Stifte schneiden. Die Knoblauchzehen schälen und halbieren.

4 Das Olivenöl in eine ofenfeste Pfanne geben. Fenchel, Frühlingszwiebeln, Karotten, Sellerie und Knoblauch hineingeben, mit Salz und Pfeffer würzen und sorgfältig mischen, sodass das Gemüse mit Olivenöl überzogen ist. Bis hierher kann das Gericht vorbereitet werden. Das Gemüse in der Pfanne bei Zimmertemperatur stehen lassen.

5 Den Backofen auf 200 Grad vorheizen.

6 Das Gemüse im 200 Grad heissen Ofen auf der zweituntersten Rille 20 Minuten backen.

7 In einem kleinen Topf Noilly Prat, Weisswein, Gemüsebouillon und Safran aufkochen.

8 Nach 20 Minuten Backzeit die Tomaten sowie die kochend heisse Safranbouillon zum Gemüse geben. Alles nochmals 10 Minuten garen.

9 Den Fisch auf das Gemüse legen und 10 Minuten mitgaren. Nach der Hälfte der Zeit mit etwas Sud übergiessen.

10 Das Fenchelgrün hacken. Die Frühlingszwiebelröhrchen fein schneiden. Beides vor dem Servieren über die Bouillabaisse streuen.

Als Beilage passen in Scheiben geschnittenes und geröstetes Pariserbrot sowie die traditionelle Rouille, eine Knoblauchsauce.

Für weniger/mehr Gäste
2 Personen: Zutaten halbieren, jedoch 50 ml Noilly Prat und 400 ml Bouillon verwenden.
6 Personen: Rezept in 1½-facher Menge zubereiten.
8 Personen: Rezept in doppelter Menge zubereiten, aber nur 1 l Bouillon verwenden.

Rouille

Für 4 Personen

Die südfranzösische Knoblauch-Mayonnaise passt nicht nur zur Fischsuppe, sondern auch zu Gemüse, Siedfleisch, Suppenhuhn oder hartgekochten Eiern. Ob man für die Sauce Olivenöl oder ein geschmacksneutrales Öl verwendet, ist Geschmackssache. Olivenöl kann der Sauce manchmal einen leichten Bitterton verleihen.

1 mittlere Kartoffel
1 Peperoncino
4 Knoblauchzehen
½ Briefchen Safran
1 Eigelb
100 ml Öl
Salz

1 Die Kartoffel in der Schale weich kochen. Den Peperoncino längs halbieren, entkernen und fein schneiden. Die Knoblauchzehen schälen und fein hacken.

2 Die noch warme Kartoffel schälen und mit dem Peperoncino, dem Knoblauch, dem Safran und dem Eigelb in einen hohen Becher geben. Mit dem Stabmixer fein pürieren. Dann nach und nach unter Weitermixen das Öl in dünnem Faden zugeben. Wenn nötig die Sauce mit einigen Löffeln Bouillon von der Bouillabaisse verdünnen. Mit Salz würzen.

Für weniger/mehr Gäste
2 Personen: Die Rouille kann nicht in kleinerer Menge, sondern muss wie rezeptiert zubereitet werden.
6 Personen: Die Knoblauch-Mayonnaise reicht in der rezeptierten Menge normalerweise auch für 6 Personen.
8 Personen: Rouille in doppelter Menge zubereiten.

Safran
Safran sind die getrockneten Blütennarben einer Krokuspflanze. Sie werden seit Urzeiten als Farbstoff und Gewürz genutzt. Heute sind Spanien und der Iran die Hauptproduzenten, aber auch in Griechenland, Italien und selbst in der Schweiz (im Walliser Dorf Mund) wird Safran in guter Qualität angebaut. Für 1 kg Safran benötigt man 80 000 bis 150 000 Blüten, die von Hand gepflückt werden müssen. Kein Wunder also, dass Safran so teuer ist! Safran bester Qualität hat dunkelrote, brüchige Fäden. Mindere Qualitäten sind oft bräunlich mit verdorrten oder gelben Fäden. Der beste Echtheitstest: Safran duftet beim Zerreiben zwischen den Fingern unverwechselbar. Oft werden auf orientalischen Märkten auch Verfälschungen mit Tagetes, Färberdisteln oder Kurkuma als Safran verkauft. Deshalb am besten Fäden und nicht gemahlenen Safran kaufen. Fäden halten in der Originalverpackung oder nach dem Öffnen im Kühlschrank aufbewahrt 2–3 Jahre. Safranfäden werden vor dem Kochen mit etwas Salz fein zerstossen oder in warmer Flüssigkeit eingeweicht. Aber Vorsicht bei der Dosierung: Eine zu grosse Menge Safran lässt das Gericht bitter schmecken und kann ab 5 g sogar toxisch wirken.

Gefüllte Grapefruits

Für 4 Personen

Für dieses Dessert werden die Grapefruithälften nach dem Auslösen des Fruchtfleischs
sauber ausgekratzt und dienen später als
Dessertschalen. Gefüllt werden sie mit einer
leichten, säuerlich-süssen Creme aus Grapefruit, Banane, Quark und Rahm.

2 rosa Grapefruits
1 Banane
2 Esslöffel Zucker
1 Teelöffel Zitronensaft
150 g Rahmquark
2 Esslöffel Mandelblättchen
150 ml Rahm

1 Die Grapefruits waagrecht halbieren. Mit
einem Grapefruitmesser das Fruchtfleisch aus
der Schale und den Trennhäuten lösen und
in kleine Würfel schneiden. Die Grapefruithälften
sauber auskratzen und beiseitestellen.
2 Die Banane schälen und in Scheiben schneiden. Mit Zucker und Zitronensaft in einen
hohen Becher geben und mit dem Stabmixer
fein pürieren. In eine Schüssel umfüllen.
Den Rahmquark und die Grapefruitwürfel untermischen. Bis zum Servieren kühl stellen.
3 In einer trockenen Pfanne die Mandelblättchen ohne Fettzugabe leicht rösten.
4 Vor dem Servieren den Rahm steif schlagen
und unter die Grapefruitcreme ziehen. Diese
in die beiseitegelegten Grapefruithälften füllen
und mit Mandelblättchen bestreuen.

Für weniger/mehr Gäste
2 Personen: Zutaten halbieren, 2 Mini-Bananen
(Apfelbananen) verwenden.
6 und mehr Personen: Zutaten entsprechend
der Gästezahl vervielfachen.

Grapefruit
Sie verdanken ihren Namen dem
Umstand, dass sie in Büscheln
am Baum hängen, die wie gigan-
tische Weintrauben (Englisch
«grapes») aussehen. Ihre Schale
ist immer gelb, sie kann aber
je nach Sorte dicker oder dünner
sein. Die unter der Schale befind-
liche weisse Haut ist noch bitterer
als jene anderer Zitrusfrüchte.
Daher gilt Vorsicht beim Abreiben
der Schale! Das saftige Fruchtfleisch
kann gelb, rosa oder rot sein.
Weisse Grapefruits haben meistens
eine dünne Schale und weisse
Hautschicht, ihr Fruchtfleisch ist
ziemlich sauer. **Rosa Grapefruits**
sind oft kleiner als weisse Grapefruits und häufig länger haltbar.
Sie schmecken in der Regel am
süssesten. **Rote Grapefruits** sind
bitter-süss und fast kernlos.

Der Arbeitsplan

4 Stunden vorher
– Risotto vorbereiten (bis Punkt 3).
– Ofen-Bouillabaisse vorbereiten (bis Punkt 4).
– Rouille zubereiten.
– Dessert vorbereiten (bis Punkt 3).

Vor dem Essen
– Backofen auf 200 Grad vorheizen.
– Gemüse für die Bouillabaisse im Ofen backen.
– Noilly Prat, Weisswein, Bouillon und Safran
  aufkochen und warm halten.
– Risotto fertigstellen.

Nach der Vorspeise
– Safranbouillon nochmals aufkochen und die
  Bouillabaisse fertigstellen.
– Serviert man zur Bouillabaisse als Beilage
  geröstete Brotscheiben, diese toasten
  oder in der Pfanne in wenig Olivenöl knusprig
  rösten.

Nach dem Hauptgang
– Dessert fertigstellen.

Kulinarische Reise
durch drei Länderküchen

**Lattich-Radieschen-Salat
an Gorgonzoladressing**

**Pouletbrüstchen auf Linsen
mit Schaumweinsauce**

Orangen-Whisky-Creme

Lattich-Radieschen-Salat an Gorgonzoladressing

Pouletbrüstchen auf Linsen mit Schaumweinsauce

Orangen-Whisky-Creme

Lattich-Radieschen-Salat an Gorgonzola-Dressing

Für 4 Personen

Den Auftakt unserer kulinarischen Reise macht Italien mit einem knackigen, leichten Salat mit Gorgonzola-Dressing. Ich habe dafür Mascarpone-Gorgonzola gewählt, weil dieser der Feinwürzigste der ganzen Blauschimmel-käse-Palette ist und in dieser Sauce auch dank dem Joghurt selbst jenen schmeckt, die Gorgonzola eigentlich nicht mögen.

4 Mini-Lattiche oder einer grosser Lattich (siehe Randtipp)
2 Bund Radieschen
75 g Mascarpone-Gorgonzola
4 Esslöffel Weissweinessig
100 g Joghurt nature
1 Knoblauchzehe
Salz, Pfeffer aus der Mühle
2–3 Esslöffel Kürbiskerne
1 Bund Schnittlauch

1 Die Mini-Lattiche unter kaltem Wasser gründlich spülen, gut abtropfen lassen und in Streifen schneiden. Bei einem grossen Lattich werden die Blätter abgelöst und dabei sehr dicke Stielansätze leicht herausgeschnitten. Anschliessend die Blätter in Streifen schneiden.
2 Die Radieschen rüsten, waschen und vierteln.
3 Mascarpone-Gorgonzola, Weissweinessig und Joghurt in einen hohen Becher geben. Die Knoblauchzehe schälen und dazupressen. Alles mit dem Stabmixer fein mixen. Die Sauce mit Salz und Pfeffer würzen.
4 In einer kleinen Pfanne die Kürbiskerne ohne Fettzugabe leicht rösten. Auf einen Teller geben, damit sie in der heissen Pfanne nicht weiter rösten.
5 Vor dem Servieren die Lattichstreifen und Radieschen in tiefe Teller verteilen. Mit dem Gorgonzola-Dressing beträufeln und mit den Kürbiskernen bestreuen. Den Schnittlauch mit einer Schere darüberschneiden und den Salat sofort servieren.

Für weniger/mehr Gäste
2 Personen: Zutaten halbieren.
6 und mehr Personen: Zutaten entsprechend der Gäste-zahl vervielfachen.

Lattich
Er wird auch Romana-, Römer- oder Kochsalat genannt und gehört zu den sogenannten Gartensalaten. Lattich gibt es in drei Sorten: Der eigentliche Romanasalat besitzt einen grossen, länglichen Kopf mit äusserst knackigen Blättern. Beim Rüsten sollte man seine weissen, kräftigen Stielenden entfernen, da sie leicht bitter und faserig sein können. Der Mini- oder Baby-Lattich ist eine neuere Züchtung mit knusprigen, angenehm süsslichen Blättern und fleischigen, saftigen Stielen. Freckles ist eine alte Sorte des Romanasalats mit rot gesprenkelten, er zarten Blättern.

Pouletbrüstchen auf Linsen mit Schaumweinsauce

Für 4 Personen

Der zweite Teil unserer kulinarischen Reise führt nach Frankreich. Die Pouletbrüstchen werden in einem Kräutermantel im Dampf zubereitet und mit einer Schaumweinsauce – stilecht französisch ist das natürlich Champagner – serviert. Als Beilage gibt es die berühmten grünen Puy-Linsen, eine besonders feine Sorte (siehe Randtipp). Selbstverständlich kann das Gericht auch mit anderen Linsensorten zubereitet werden, und der Champagner lässt sich durch Prosecco, Cava oder Sekt ersetzen.

Linsen:
200 g grüne Linsen (z. B. Puy-Linsen)
1 grosse Zwiebel
1 Knoblauchzehe
1 kleine Lauchstange
1 Esslöffel Butter
½ l Wasser
Salz, Pfeffer aus der Mühle

Sauce:
1 Esslöffel Butter
200 ml Geflügelfond oder leichte Hühnerbouillon
200 ml trockener Schaumwein
150 g Doppelrahm
1 Esslöffel körniger Senf
Salz, Pfeffer aus der Mühle

Fleisch:
1 Bund Schnittlauch
1 Bund Kerbel
4 Pouletbrüstchen
Salz, Zitronenpfeffer
200 ml Hühnerbouillon

Zum Fertigstellen:
50 ml Schaumwein

1 Die Linsen kurz kalt spülen.

2 Zwiebel und Knoblauch schälen und fein hacken. ⅓ der Zwiebel für die Zubereitung der Sauce beiseitestellen. Den Lauch waschen, der Länge nach halbieren, in Streifen schneiden, dann klein würfeln.

3 In einem mittleren Topf die Butter erhitzen. Zwiebel, Knoblauch und Lauch darin andünsten. Die Linsen beifügen, das Wasser dazugiessen und alles zugedeckt auf kleinem Feuer weich garen. Wenn nötig etwas Flüssigkeit nachgiessen. Am Schluss die Linsen mit Salz und Pfeffer würzen. Im Topf beiseitestellen.

4 Während die Linsen kochen, für die Sauce in einem keinen Topf die beiseitegestellte Zwiebel in der Butter andünsten. Geflügelfond oder Bouillon sowie Schaumwein beifügen. Auf grossem Feuer auf knapp 100 ml einkochen lassen. Jetzt den Doppelrahm dazugeben und unter Rühren noch einmal aufkochen. Dann die Sauce mit dem Stabmixer sehr fein pürieren. Zuletzt den körnigen Senf beifügen und die Sauce beiseitestellen.

5 Für das Fleisch Schnittlauch und Kerbel fein schneiden und in einem tiefen Teller mischen. Mit Klarsichtfolie zugedeckt beiseitestellen.

6 Den Backofen auf 80 Grad vorheizen und eine Platte mitwärmen.

7 Die Pouletbrüstchen mit Salz und Zitronenpfeffer würzen. In den Kräutern wälzen und in einen Dämpfaufsatz legen. Die Bouillon in den Topf unter dem Dämpfaufsatz geben und erhitzen. (Werden die Pouletbrüstchen im Steamer gegart, entfällt die Bouillon.) Die Pouletbrüstchen über dem aufsteigenden Dampf je nach Grösse 10–12 Minuten gar ziehen lassen. Auf die vorgewärmte Platte geben und im 80 Grad warmen Ofen kurz nachziehen lassen.

8 Die Linsen und die Sauce nochmals aufkochen. Den Schaumwein in die Sauce giessen, aufschäumen lassen und die Sauce mit Salz sowie Pfeffer abschmecken.

9 Jedes Pouletbrüstchen in 3 Stücke schneiden. Die Linsen in die Mitte der vorgewärmten Teller geben, die Pouletbrüstchen darauf anrichten und mit Schaumweinsauce umgiessen.

Für weniger/mehr Gäste
2 Personen: Zutaten halbieren.
6 Personen: Rezept in 1½-facher Menge zubereiten.
8 Personen: Rezept in doppelter Menge, die Sauce jedoch nur in 1½-facher Menge zubereiten.

Grüne Linsen
Wie bei den braunen gibt es auch von den grünen Linsen verschiedene Sorten. Die berühmtesten und eine besonders feine Sorte sind die französischen Puy-Linsen, die ausgeprägt nussig schmecken. Andere Sorten stammen aus den USA, Argentinien oder der Türkei. Den grünen Linsen eigen ist, dass man sie nicht einweichen muss und dass sie beim Kochen nicht zerfallen. Wie bei allen Linsen aber gilt: Immer ohne Salz oder Säure (Wein, Essig, Tomaten usw.) zubereiten, da die Linsen sonst nicht weich werden. Diese Zutaten erst am Ende der Garzeit beifügen.

Orangen-Whisky-Creme

Für 4 Personen

Für den Ausklang der kulinarischen Reise steht ein Abstecher nach Grossbritannien auf dem Menüplan mit einem der schnellsten Desserts, das ich kenne: eine einfache und dennoch geschmacklich raffinierte Creme aus Orangenkonfitüre, Whisky, Doppelrahm und Quark. Wer keinen Whisky im Haus hat, kann auch Cognac oder Brandy verwenden – aber dann ist die Creme natürlich nur noch halb britisch!

75 g Orangenkonfitüre
Saft von 1 Zitrone
50 ml Whisky
4 Esslöffel Zucker
250 g Doppelrahm
150 g Rahmquark

Zum Garnieren:
3 Esslöffel Orangenkonfitüre
Saft von ½ Zitrone

1 Die Orangenkonfitüre mit Zitronensaft, Whisky und Zucker verrühren.
2 Doppelrahm und Rahmquark mischen. Die Konfitürenmischung darunterziehen. In Gläser oder Dessertschalen anrichten und mindestens ½ Stunde, besser aber länger kühl stellen.
3 Für die Garnitur die Orangenkonfitüre mit dem Zitronensaft mischen. Kühl stellen.
4 Unmittelbar vor dem Servieren je etwas Orangenkonfitürenmischung als Garnitur auf die Creme geben.

Wenn es mehr/weniger Gäste sind
2 Personen: Zutaten halbieren.
6 und mehr Personen: Zutaten entsprechend der Gästezahl vervielfachen.

Orangenkonfitüre
Einer der kulinarischen Export-Bestseller Grossbritanniens ist die Orangenkonfitüre. Es gibt sie in unüberschaubar vielen Varianten, von süss bis ausgeprägt bitter. Welche Art Konfitüre man für das nebenstehende Dessert wählt, hängt von der persönlichen Vorliebe ab. Doch wenn man Gäste am Tisch hat, deren Geschmack man nicht genau kennt, würde ich zu einer nur wenig bitteren oder einer süssen Marmelade raten.

Der Arbeitsplan

8 Stunden vorher
– Salat und Radieschen waschen und rüsten, jedoch noch nicht schneiden. In einem Gefrierbeutel kühl stellen.
– Gorgonzola-Dressing zubereiten.
– Linsen und Sauce für Pouletbrüstchen zubereiten (bis Punkt 6).
– Orangen-Whisky-Creme zubereiten.

Vor dem Essen
– Pouletbrüstchen dämpfen und warm stellen.
– Salat fertigstellen.

Nach der Vorspeise
– Linsen erhitzen.
– Sauce fertigstellen.
– Dessert anrichten.

Herzhaft und würzig

Warmer Ziegenkäse auf Radicchiosalat

Rosmarin-Schweinshuft mit Pilzkruste und Quark-Spinat-Spätzli

**In Vanillebutter gedünstete Äpfel
mit Sauerrahmglace**

Warmer Ziegenkäse auf Radicchiosalat

Rosmarin-Schweinshuft mit Pilzkruste und Quark-Spinat-Spätzli

In Vanillebutter gedünstete Äpfel mit Sauerrahmglace

Warmer Ziegenkäse auf Radicchiosalat

Für 6 Personen

Ziegenkäse, vor allem auch Ziegenfrischkäse, gibt es heute nicht nur in Käsefachgeschäften, sondern auch bei jedem Grossverteiler in erstaunlich grosser Auswahl. Für diese Vorspeise sollte man einen milden, eher frischen Käse bevorzugen.

2–3 mittlere Köpfchen Radicchio,
je nach Grösse
4 Teelöffel Kapern
1 Bund Petersilie
3 Esslöffel Rotweinessig
2 Esslöffel Bouillon
1 Teelöffel Senf
Salz, schwarzer Pfeffer aus der Mühle
6 Esslöffel Olivenöl
1 Knoblauchzehe
4 Esslöffel Olivenöl
250–300 g junger milder Ziegenkäse
(z. B. Bûche Chavroux)
2 Esslöffel gemischte Kerne

1 Die Radicchioblätter auslösen, waschen, abtropfen lassen und in sehr feine, nur gerade millimeterdünne Streifchen schneiden.
2 Kapern und Petersilie fein hacken. Essig, Bouillon, Senf, Salz, Pfeffer und die 6 Esslöffel Olivenöl zu einer Sauce rühren. Kapern und Petersilie beifügen.
3 Die Knoblauchzehe schälen und sehr fein hacken. Mit der zweiten Portion Olivenöl (4 Esslöffel) mischen.
4 Den Ziegenkäse in gut 1 cm dicke Scheiben schneiden.
5 In einer Pfanne die Kerne ohne Fettzugabe leicht rösten.
6 Vor dem Servieren den Radicchiosalat mit der Kapern-Petersilien-Sauce mischen und auf Tellern anrichten.
7 In einer kleinen Bratpfanne das Knoblauchöl erwärmen. Die Käsescheiben darin bei milder Hitze kurz warm werden lassen; sie dürfen jedoch nicht zu stark zerfliessen. Sofort auf dem Salat anrichten, mit den Kernen bestreuen und nach Belieben mit etwas Knoblauchöl aus der Pfanne beträufeln.

Ziegenfrischkäse
In unserem Nachbarland Frankreich ist Ziegenkäse ganz besonders beliebt: Über hundert verschiedene Sorten kennt man. Ziegenmilch ist aufgrund ihrer Eiweiss-Fett-Struktur bekömmlicher als Kuhmilch. Inzwischen machen Käse aus Ziegenmilch auch bei uns Karriere. Besonders beliebt sind vor allem die Ziegenfrischkäse, in Frankreich auch «Blanc» genannt. In diesem Stadium ist der Ziegenkäse noch feinsäuerlichmild im Geschmack und überrascht auch all jene, die sonst ein Vorurteil gegenüber dieser Käsesorte haben. Ziegenkäse wird heute teilweise auch mit Kuhmilch hergestellt; man erkennt dies an der Bezeichnung «mi-chèvre».

Für weniger/mehr Gäste
2 Personen: Rezept in ⅓ der Menge zubereiten.
4 Personen: Rezept in ⅔ der Menge zubereiten.
8–10 Personen: Rezept in 1½-facher Menge zubereiten.

Rosmarin-Schweinshuft mit karamellisierter Zitronensauce

Für 6 Personen

Dieser feine Braten kann auch mit einem Schweinsnierstück zubereitet werden. In diesem Fall dauert das Anbraten 7–8 Minuten und die Nachgarzeit je nach Dicke des Fleischstücks 1½–1¾ Stunden. Das Fertigstellen des Gerichts hingegen bleibt sich zeitlich gleich.

Marinade:
1 Zitrone
2 Zweige Rosmarin
2 Esslöffel Olivenöl
schwarzer Pfeffer aus der Mühle
800–900 g Schweinshuft oder -nuss

Sauce:
1 grosse Schalotte
1 Esslöffel Zucker
1 Esslöffel Butter
200 ml weisser Portwein
40 ml Zitronensaft
200 ml Kalbsfond oder Hühnerbouillon
1 Teelöffel Fleischextrakt
200 g Doppelrahm
Salz, Pfeffer aus der Mühle
1 Prise Zucker, falls nötig

Zum Braten:
1 gehäufter Esslöffel Bratbutter
4 Rosmarinzweige

1 Die Schale der Zitrone fein abreiben. Die Rosmarinnadeln von den Zweigen zupfen und sehr fein hacken; zur Zitronenschale geben. Das Olivenöl sowie reichlich frisch gemahlenen Pfeffer beifügen. Mit dieser Marinade das Fleisch rundum bestreichen. Für eine längere Marinierzeit das Fleisch kühl stellen.

2 Für die Sauce die Schalotte schälen und fein hacken.

3 In einem kleinen Topf den Zucker bei mittlerer Hitze langsam zu braunem Karamell schmelzen. Die Butter beifügen und aufschäumen lassen – erst jetzt erstmals rühren! Dann die Schalotte beifügen und 2–3 Minuten dünsten. Portwein, Zitronensaft sowie Kalbsfond oder Bouillon beifügen und aufkochen. Den Fleischextrakt dazugeben. Alles auf grossem Feuer auf etwa 100 ml einkochen lassen. Dann den Doppelrahm beifügen und aufkochen. Die Sauce mit dem Stabmixer fein pürieren und mit Salz und Pfeffer sowie, wenn nötig, mit wenig Zucker abschmecken. Zugedeckt beiseite- oder bei längerer Zeit bis zur Verwendung kühl stellen.

4 Den Backofen auf 80 Grad vorheizen und eine Platte mitwärmen.

5 Das Fleisch salzen. In einer Bratpfanne die Bratbutter rauchheiss erhitzen. Die Schweinshuft hineingeben, die Hitze etwa um ein Drittel reduzieren und das Fleisch rundum insgesamt 10 Minuten anbraten. Nach der Hälfte der Bratzeit die Rosmarinzweige dazulegen. Dann alles sofort auf die vorgewärmte Platte geben und im 80 Grad heissen Ofen etwa 2 Stunden nachgaren lassen.

6 Unmittelbar vor dem Servieren die Ofentemperatur auf 230 Grad erhöhen und die Schweinshuft in der aufsteigenden Hitze 6–7 Minuten Temperatur annehmen lassen.

7 Gleichzeitig die Sauce nochmals aufkochen, wenn nötig mit 2–3 Esslöffel Wasser verdünnen.

8 Zum Servieren den Braten in Scheiben aufschneiden und mit der Sauce auf vorgewärmten Tellern anrichten.

Für weniger/mehr Gäste
Weniger Gäste: Dieses Fleischstück eignet sich nicht für die Zubereitung in kleinerer Menge. Stattdessen eventuell ein Schweinsfilet verwenden. Anbraten: rundum insgesamt 4 Minuten. Nachgaren: 1½ Stunden. Fertiggaren: 5–6 Minuten in aufsteigender Hitze. Die Sauce in ½ der Menge zubereiten.
8 und mehr Gäste: Die Zutaten entsprechend der Gästezahl vervielfachen. Sehr empfehlenswert ab 1 kg und mehr Fleisch ist ein Schweinsnierstück (siehe Einleitung). Sauce in 1½-facher bzw. ab 12 Personen in doppelter Menge zubereiten.

Quark-Spinat-Spätzli

Für 6 Personen als Beilage

Von diesen zarten Spätzli mache ich oft etwas mehr, da Reste davon, in Butter gebraten, immer noch fein schmecken. Wer die Spätzli nicht erst kurz vor dem Essen zubereiten möchte, lässt sie nach dem Garen in kaltem Wasser abkühlen. Dann gut abgetropft mit etwas Olivenöl mischen und kühl stellen. Zum Fertigstellen in Butter leicht braten.

150 g Magerquark
3 Eier
Salz, schwarzer Pfeffer aus der Mühle, frisch geriebene Muskatnuss
150 g Mehl
200 g frischer Spinat
60 g Butter
80 g frisch geriebener Gruyère

1 In einer Schüssel Quark, Eier, Salz, Pfeffer und Muskat verrühren. Das Mehl untermischen. Den Teig 15 Minuten quellen lassen.

2 Inzwischen den Spinat gründlich waschen. In kochendem Salzwasser nur gerade 1 Minute blanchieren. Abschütten, kalt abschrecken und sehr gut auspressen – sonst verwässert die Flüssigkeit den Teig! –, dann grob hacken. Den Spinat unter den Teig mischen.

3 Kurz vor dem Servieren die Butter schmelzen. Reichlich Salzwasser aufkochen.

4 Den Spätzliteig direkt aus der leicht schräg gehaltenen Schüssel mit einem Messer ins kochende Salzwasser schaben. Wenn die Spätzli an die Oberfläche steigen, mit einer Lochkelle herausheben, gut abtropfen lassen und lagenweise mit der flüssigen Butter und dem geriebenen Käse in eine ofenfeste Form geben.

5 Die Spätzli zum Fleisch in den Ofen geben und bei 80 Grad warm stellen. Zuletzt zusammen mit dem Fleisch in der aufsteigenden Hitze 5–8 Minuten Temperatur annehmen lassen.

Für weniger/mehr Gäste
2 Personen: Rezept in ⅓ der Menge zubereiten.
4 Personen: Rezept in ⅔ der Menge zubereiten.
8 und mehr Personen: Zutaten entsprechend der Gästezahl vervielfachen.

Rosmarin
Die ledrigen Blättchen des immergrünen Rosmarinstrauches sehen aus wie breite Nadeln. Sie sind wahre Multitalente, passt ihr kräftiges Aroma doch sowohl zu hellem wie dunklem Fleisch, Geflügel, Fisch, Gemüse (vor allem Tomaten, Zucchetti und Auberginen), Kartoffeln und Hülsenfrüchten. Hervorragend ist die Kombination mit Knoblauch und Olivenöl. Gut schmeckt Rosmarin auch in salzigem Gebäck. Beim Grillieren auf die Glut gelegt, weckt er bereits im Vorfeld den Appetit, und selbst in Desserts spielt Rosmarin immer wieder eine überraschende Rolle. Da sich das ätherische Öl der Rosmarinnadeln beim Erhitzen besonders gut entfaltet, sollte man sie bereits zu Beginn der Zubereitung beifügen. Weil die Nadeln aber zäh sein können, sollte man sie für Gerichte, in denen sie mitgegessen werden, besser hacken. Die zierlichen, hellvioletten Rosmarinblüten sind eine ebenso dekorative wie schmackhafte Zutat zum Beispiel für Salate.

In Vanillebutter gedünstete Äpfel mit Sauerrahmglace

Für 6 Personen

Die Raffinesse dieses Desserts liegt im Gegensatz: Hier die erfrischend kalte Sauerrahmglace, da die noch warmen Vanilleäpfel. Selbstverständlich kann man die Äpfel im Voraus zubereiten; sie werden kurz vor dem Servieren einfach noch einmal warm gemacht. Anstelle von Äpfeln kann man dieses Dessert auch mit reifen Birnen oder im Sommer mit frischen Pfirsichen zubereiten. Die Pfirsiche vor dem Dünsten in der Vanillebutter unbedingt häuten.

Sauerrahmglace:
300 g Crème fraîche
100 ml Vollrahm
100 g Zucker
abgeriebene Schale und Saft von 1 Zitrone

Äpfel:
2 Esslöffel Mandelblättchen
600 g säuerliche Äpfel
1 gehäufter Teelöffel Vanillepaste
50 g Butter
2 Esslöffel Zucker
150 ml frisch gepresster Orangensaft

Der Arbeitsplan

Am Vorabend
– Fleisch marinieren.
– Zitronensauce zubereiten.
– Sauerrahmglace zubereiten.

4 Stunden vorher
– Äpfel zubereiten.
– Salatzutaten vorbereiten.
– Spätzliteig zubereiten.

1½ Stunden vorher
– Backofen auf 80 Grad vorheizen und 2 Platten mitwärmen (eine für das Fleisch, die andere für die Spätzli).
– Fleisch anbraten und nachgaren lassen.

1 Für die Glace Crème fraîche, Rahm und Zucker glatt rühren. Zitronenschale und -saft beifügen.
2 Die Creme in einen Tiefkühlbehälter oder in die Eismaschine füllen und gefrieren lassen. Wird die Glace nicht in der Maschine gefroren, muss sie während des Gefrierprozesses mit dem Handrührgerät 2- bis 3-mal gründlich durchgearbeitet werden, damit sie schön cremig wird.
3 In einer trockenen Bratpfanne die Mandelblättchen ohne Fettzugabe leicht rösten.
4 Die Äpfel ungeschält vierteln, das Kerngehäuse entfernen und die Früchte in gut 1 cm breite Schnitze schneiden.
5 Die Vanillepaste mit der Butter in einer beschichteten Pfanne oder in einem weiten Topf schmelzen lassen. Die Äpfel beifügen, mit dem Zucker bestreuen und andünsten. Dann den Orangensaft dazugeben und die Äpfel ungedeckt etwa 5 Minuten auf grossem Feuer nur ganz knapp weich garen, da sie später beim Wiedererhitzen nachgaren.
6 Unmittelbar vor dem Servieren die Äpfel noch einmal heiss werden lassen. Die noch warmen Äpfel in Dessertschalen anrichten, mit etwas Jus umgiessen, je 1 Kugel Glace dazugeben und mit den Mandelblättchen bestreuen.

Für weniger/mehr Gäste
2 Personen: Eine fertig gekaufte Glace verwenden (z. B. Fior di latte oder Vanille). Die Äpfel in ⅓ der Menge zubereiten, jedoch 75 ml Orangensaft verwenden.
4 Personen: Glace in rezeptierter Menge zubereiten; sie hält sich im Tiefkühler 3–4 Wochen. Die Äpfel in ⅔ der Menge zubereiten, jedoch ⅛ l Orangensaft verwenden.
8–10 Personen: Das Rezept in doppelter Menge zubereiten.

Vor dem Essen
– Salzwasser für die Spätzli aufkochen.
– Spätzli zubereiten.
– Salat fertigstellen.

Nach der Vorspeise
– Fleisch und Spätzli Temperatur annehmen lassen.
– Sauce aufkochen.

Nach dem Hauptgang
– Creme anrichten.

Gemütlich geniessen

Randentatar

Im Ofen geschmortes Tomaten-Rindfleisch
mit Knoblauch-Stammpfkartoffeln

Kaffeeflan

Randentatar

Im Ofen geschmortes Tomaten-Rindfleisch mit Knoblauch-Stampfkartoffeln

Kaffeeflan

Randentatar

Für 6 Personen

Randen kommen bei uns meist als eher fantasieloser Salat daher. Dieses Gemüsetatar zeigt sehr schön, was in den Randen für ein Potenzial an variantenreichen Gerichten steckt. Auf die gleiche Weise kann man übrigens auch ein Karottentatar oder ein Tatar von verschiedenen Wurzelgemüsen wie Pastinake, Petersilienwurzel, Pfälzer Rüben, Karotten und/oder Sellerie zubereiten.

Sauce:

50 ml weisser Balsamicoessig
50 ml Gemüsebouillon
1 Esslöffel Zitronensaft
1 Esslöffel Honig
1 gehäufter Esslöffel körniger Senf
Salz, schwarzer Pfeffer aus der Mühle
100 ml Olivenöl

Tatar:

6 kleinere bis mittlere gekochte oder gebackene Randen (siehe Randtipp)
1 Bund Frühlingszwiebeln
½ Bund Dill
100 g Nüsslisalat (Feldsalat)
250 g Champignons
1 Bund glattblättrige Petersilie
1 Knoblauchzehe
1 Esslöffel Olivenöl
Salz, schwarzer Pfeffer aus der Mühle
einige Dillzweiglein zum Garnieren

1 Für die Sauce alle Zutaten gut verrühren.
2 Die Randen schälen und in kleine Würfelchen schneiden. Die Frühlingszwiebeln rüsten und mitsamt schönem Grün hacken. Den Dill ebenfalls hacken. Randen, Frühlingszwiebeln und Dill mit der Hälfte der vorbereiteten Sauce mischen.
3 Den Nüsslisalat waschen und trocken schleudern oder sehr gut abtropfen lassen.
4 Die Champignons je nach Grösse halbieren oder vierteln. Die Petersilie und die geschälte Knoblauchzehe zusammen fein hacken.

5 In einer beschichteten Bratpfanne das Olivenöl kräftig erhitzen. Die Champignons darin kräftig anbraten. Dann Petersilie und Knoblauch beifügen, kurz mitrösten und mit Salz sowie Pfeffer würzen. Die Pilze in ein Sieb geben und gut abtropfen lassen.
6 Zum Anrichten einen runden Ausstechring auf die Teller setzen und bergartig mit dem Randentatar füllen. Mit je 1 Dillzweig garnieren. Den Nüsslisalat mit der restlichen Sauce mischen und um das Tatar herum anrichten. Die Champignons darüber verteilen. Sofort servieren.

Für weniger/mehr Gäste

2 Personen: Tatar in ⅓ der Menge zubereiten. Zutaten für die Sauce halbieren; Reste lassen sich problemlos im Kühlschrank 1 Woche aufbewahren und für andere Salate verwenden.
4 Personen: Tatar in ⅔ der Menge zubereiten. Zutaten für die Sauce wie rezeptiert verwenden (siehe 2 Personen).
8–10 Personen: Tatar und Sauce in 1½-facher Menge zubereiten.
12 Personen: Tatar und Sauce in doppelter Menge zubereiten.

Im Ofen geschmortes Tomaten-Rindfleisch

Für 6 Personen

Geschmortes Rindfleisch einmal anders: mit Tomatenscheiben, Zwiebeln, Ingwer und Salbei in eine Form geschichtet und langsam im Ofen gegart. Zusammen mit Knoblauch-Stampfkartoffeln serviert eines meiner Lieblingsgerichte!

1 grosse Zwiebel
2 Knoblauchzehen
15 g frischer Ingwer
1 Bund Salbei
1,2 kg Tomaten
800 g–1 kg Rindsschmorplätzchen, je etwa ½ cm dick geschnitten
Salz, Pfeffer aus der Mühle
4–5 Esslöffel Olivenöl
1 Teelöffel edelsüsser Paprika
¼ l Fleischbouillon
1 Esslöffel Balsamicoessig

Randen aus dem Ofen
Besonders aromatisch werden Randen, wenn man sie im Ofen backt: Mittlere rohe Randen in eine hohe feuerfeste Form geben, mit einigen Zweigen Thymian und Rosmarin belegen, mit Olivenöl beträufeln und alles gut mischen, bis die Randen und Kräuter mit Öl überzogen sind. Die Randen im 200 Grad heissen Ofen auf der zweituntersten Rille je nach Grösse 50–60 Minuten backen. Abkühlen lassen, dann nach Rezept verwenden. Wichtig: Gebackene Randen nie im Kühlschrank aufbewahren, da sie sonst viel von ihrem feinen, karottenähnlichen Geschmack verlieren.

1 Zwiebel und Knoblauch schälen und fein hacken. Den Ingwer schälen und fein reiben oder hacken. Die Salbeiblätter in feine Streifen schneiden.

2 Den Stielansatz der Tomaten grosszügig herausschneiden. Die Tomaten in dicke Scheiben schneiden.

3 Die Rindsplätzchen mit Salz und Pfeffer würzen. In einer Bratpfanne das Olivenöl stark erhitzen. Das Fleisch darin in 3 Portionen kräftig anbraten. Dann das Fleisch ziegelartig in eine grosse Gratinform oder in einen Bräter schichten. Die Tomatenscheiben ebenfalls ziegelartig über das Fleisch schichten.

4 Wenn nötig noch etwas Öl zum Bratensatz geben. Darin Zwiebel, Knoblauch und Ingwer andünsten. Den Paprika beifügen, kurz mitdünsten, dann mit der Bouillon und dem Essig ablöschen. Die Pfanne vom Feuer ziehen.

5 Den Backofen auf 160 Grad vorheizen.

6 Die heisse Bouillonmischung über Tomaten und Fleisch giessen. Alles mit der Salbei bestreuen. Die Rindsplätzchen im 160 Grad heissen Ofen 1¾–2 Stunden ungedeckt schmoren lassen, bis das Fleisch sehr weich ist.

Für weniger/mehr Gäste
2 Personen: Zutaten in ⅓ der Menge zubereiten, jedoch ⅛ l (125 ml) Bouillon verwenden.
4 Personen: Zutaten in ⅔ der Menge zubereiten, jedoch 200 ml Bouillon verwenden.
8–10 Personen: Rezept in 1½-facher Menge zubereiten.
12 Personen: Rezept in doppelter Menge zubereiten.

Knoblauch-Stampfkartoffeln

Für 6 Personen

Stampfkartoffeln sind eine Art Kartoffelpüree. Doch statt dass man die Kartoffeln durch das Passevite oder die Kartoffelpresse in die heisse Milchmischung gibt, werden sie mit einem speziellen Kartoffelstampfer oder mit einer grossen Gabel gut zerdrückt, was eine gröbere Mischung als beim Püree ergibt. Besonders fein schmecken diese Stampfkartoffeln, wenn man sie im Frühsommer mit einer ganzen jungen Knolle Knoblauch zubereitet.

1 kg mehligkochende Kartoffeln
Salz
4–6 Knoblauchzehen, je nach Grösse
350 ml Milch
1 Lorbeerblatt
30 g Butter
frisch geriebene Muskatnuss

1 Die Kartoffeln schälen und je nach Grösse halbieren oder vierteln. In Salzwasser oder im Dampf weich kochen.

2 Inzwischen die Knoblauchzehen schälen und in Scheibchen schneiden. Mit der Milch in einen kleinen Topf geben. Das Lorbeerblatt dem Rand entlang mehrmals einschneiden und beifügen. Die Milch aufkochen, dann auf kleinstem Feuer zugedeckt 15 Minuten mehr ziehen als kochen lassen. Am Schluss das Lorbeerblatt entfernen und die Milch mit Salz und frisch geriebener Muskatnuss würzen.

3 Das Kartoffelkochwasser abgiessen und die Kartoffeln im Topf kurz trocken dämpfen. Dann schöpflöffelweise Knoblauchmilch dazugeben und die Kartoffeln mit einem Stampfer oder einer Gabel gut zerdrücken. Zuletzt die Butter beifügen und wenn nötig nachwürzen.

Für weniger/mehr Gäste
2 Personen: Rezept in ⅓ der Menge zubereiten.
4 Personen: Rezept in ⅔ der Menge zubereiten.
8–10 Personen: Rezept in 1½-facher Menge zubereiten.
12 Personen: Rezept in doppelter Menge zubereiten.

Ingwer
Von der etwa 1 Meter hohen Staude mit schilfähnlichen Blättern sind die fleischigen Wurzeln (Rhizome) das eigentliche Gewürz. Die geweihartig verzweigten Knollen werden geschält verwendet, entweder fein gerieben, gehackt oder in dünne Scheibchen geschnitten. Letzteres empfiehlt sich vor allem dann, wenn der Ingwer sehr grobfaserig ist; in diesem Fall nach Belieben vor dem Servieren des Gerichts entfernen. Frischen Ingwer sollte man immer mitkochen; dadurch entfaltet sich nicht nur sein Aroma besonders gut, sondern ein in der Wurzel enthaltenes Ferment macht zum Beispiel auch Fleisch besonders zart.

A Den Kaffeesirup in ungebutterte Formen giessen. Wenn die Flans genügend lange in der Form kalt gestellt waren, lösen sie sich beim Stürzen problemlos. Je länger sie ruhen können, desto besser löst sich der Sirup auf.

B Die Backform mit einem doppelt gefalteten Küchentuch auslegen; dies verhindert Spannungen zwischen Form und Förmchen. Zudem wird so der Boden nicht zu heiss. Kochend heisses Wasser um die Förmchen giessen, sonst stimmen die Garzeitangaben nicht. Kaltes Wasser würde eine viel zu lange Zeit benötigen, um im Ofen auf die richtige Gartemperatur zu kommen.

C Garprobe: Flans sind genügend gegart, wenn ein hineingestochenes spitzes Messer beim Herausziehen sauber bleibt. Die Flans werden beim Kühlstellen noch etwas fester.

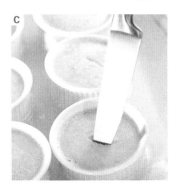

Kaffeeflan

Für 6 Personen

Die berühmte Crème Caramel einmal anders: Die Puddingmasse wird nämlich mit Kaffeebohnen aromatisiert und der Karamellsirup durch einen solchen aus Kaffee ersetzt.

Flan:
½ l Milch
1 Teelöffel Vanillepaste oder 1 Vanilleschote
50 g geröstete Kaffeebohnen
2 ganze Eier
4 Eigelb
100 g Puderzucker

Sirup:
75 g Zucker
100 ml frisch aufgebrühter Espresso

1 Die Milch in einen mittleren Topf geben. Die Vanillepaste oder die längs aufgeschlitzte Vanilleschote mit den herausgeschabten Samen sowie die Kaffeebohnen in die Milch geben. Aufkochen und neben der Herdplatte 10 Minuten ziehen lassen.
2 Den Ofen auf 150 Grad vorheizen.
3 Inzwischen in einer Schüssel Eier, Eigelbe und Puderzucker nur gut verrühren, aber nicht aufschlagen; die Masse darf nicht schaumig werden!

4 In einem kleinen Topf den Zucker auf mittlerem Feuer zu goldbraunem Karamell schmelzen. Sofort den Espresso dazugiessen und alles so lange kochen lassen, bis die Flüssigkeit sirupartig eingedickt ist. Den Boden von 6 Portionen-Souffléförmchen oder kleinen Tassen damit ausgiessen (→ Randtipp Bild A).
5 Die Milch mit den Kaffeebohnen nochmals aufkochen und durch ein Sieb passieren. Noch heiss zur Eicreme giessen und verrühren. Die Masse in die vorbereiteten Förmchen füllen.
6 Den Boden einer feuerfesten Form mit einem doppelt gefalteten Küchentuch auslegen. Die Flans hineinstellen. Reichlich Wasser aufkochen und die Förmchen damit umgiessen; sie sollten bis zur Hälfte im Wasserbad stehen (→ Bild B).
7 Die Flans sofort in den 150 Grad heissen Ofen auf der zweituntersten Rille einschieben und 50–60 Minuten stichfest garen. Mit einem spitzen Messerchen die Garprobe machen: Bleibt es beim Herausziehen sauber, sind die Flans gar (→ Bild C). Herausnehmen und erkalten lassen. Anschliessend mindestens 4 Stunden kühl stellen.
7 Zum Servieren die Flans sorgfältig dem Rand entlang lösen und auf Teller stürzen. Nach Belieben mit steif geschlagenem Rahm garnieren.

Für weniger/mehr Gäste
2–3 Personen: Zutaten halbieren. Die Flans können nicht in noch kleinerer Menge zubereitet werden, halten sich aber im Kühlschrank 3–4 Tage.
8–9 Personen: Rezept in 1½-facher Menge zubereiten.
10–12 Personen: Rezept in doppelter Menge zubereiten.

Der Arbeitsplan

Am Vortag
- Kaffeeflans zubereiten.

4 Stunden vorher
– Tomaten-Rindfleisch vorbereiten (bis Punkt 4).
– Das Tatar zubereiten. Weder Randen noch Champignons in den Kühlschrank stellen, dort verlieren sie viel von ihrem feinen Aroma.

1½ Stunden vorher
– Den Backofen vorheizen und die Bouillonmischung nochmals kräftig aufkochen.
– Das Tomaten-Rindfleisch im Ofen garen.

– Kartoffeln schälen und in kaltem Wasser aufbewahren, damit sie sich nicht braun verfärben.

Vor dem Essen
– Kartoffeln garen.
– Knoblauchmilch aufsetzen.
– Randentatar anrichten.

Nach der Vorspeise
– Stampfkartoffeln zubereiten.

Nach dem Hauptgang
– Nach Belieben Rahm steif schlagen für die Dessertgarnitur.
– Flans stürzen und garnieren.

Feuerwerk der Aromen

Karotten-Zitronen-Suppe

Spicy Lamm-Saltimbocca mit
Melonenrisotto und Rucolapesto

Avocadocreme

Karotten-Zitronen-Suppe

Spicy Lamm-Saltimbocca und Melonenrisotto mit Rucolapesto

Avocadocreme

Karotten-Zitronen-Suppe

Für 6–8 Personen

Der Zitronensaft verleiht dieser Suppe eine feinsäuerliche Note, welche aber die süsslichen Karotten nicht dominiert. Und der ebenfalls leicht süssliche Kerbel harmoniert mit seinem Aroma perfekt dazu.

800 g Karotten
2 Frühlingszwiebeln
1 Knoblauchzehe
25 g Butter
1 l Gemüse- oder Hühnerbouillon
1 Bund Kerbel
2 Esslöffel Zitronensaft
100 ml Rahm
100 g Crème fraîche
gut ½ Teelöffel Korianderpulver
1 Prise Zucker
Salz, schwarzer Pfeffer aus der Mühle

1 Die Karotten schälen und in Rädchen schneiden. Frühlingszwiebeln mitsamt schönem Grün in Ringe schneiden. Die Knoblauchzehe schälen und hacken.
2 In einem mittleren Topf die Butter schmelzen. Frühlingszwiebeln und Knoblauch darin andünsten. Die Karotten beifügen und kurz mitdünsten. Die Bouillon dazugiessen und alles zugedeckt etwa 25 Minuten sehr weich kochen.
3 Inzwischen einige schöne Kerbelblättchen für die Garnitur beiseitelegen. Den restlichen Kerbel hacken.
4 Die Suppe im Mixer oder mit dem Stabmixer sehr fein pürieren. Den Zitronensaft beifügen und die Suppe nochmals aufkochen. Rahm, Crème fraîche und Koriander verrühren und zur Suppe geben. Diese mit Zucker, Salz und Pfeffer sowie wenn nötig etwas Zitronensaft abschmecken.
5 Vor dem Servieren die Suppe nochmals gut aufkochen. Den Kerbel beifügen. Die Suppe in vorgewärmten Tassen oder Tellern anrichten und mit dem beiseitegelegten Kerbel garnieren.

Für weniger/mehr Gäste

2–4 Personen: Die Suppe in ½ der Menge zubereiten. Reste halten sich im Kühlschrank problemlos 3–4 Tage.
9–12 Personen: Zutaten in 1½-facher Menge zubereiten.

Spicy Lamm-Saltimbocca

Für 6 Personen

Eine hausgemachte Gewürzmischung aus Szechuanpfeffer, Wacholderbeeren und Pimentkörnern würzt das zarte Lammfleisch. Und es ist kein Versehen, dass nur die Szechuanpfefferkörner vor Verwendung leicht geröstet werden, damit sie ihr Aroma voll entfalten können. Wacholder und Piment enthalten nämlich leichte Bitternoten, die sich durch Rösten noch verstärken würden.
Die Gewürzmischung eignet sich auch für Entenbrust oder Hirsch-Entrecôte, welche man auf die gleiche Weise wie das Lamm in Saltimbocca verwandeln kann.

Gewürzmischung:
1½–2 Teelöffel Szechuanpfeffer
9 Wacholderbeeren
6 Pimentkörner (Nelkenpfeffer)
1½ Teelöffel getrockneter Majoran oder Oregano

Fleisch:
600–700 g Lammrückenfilets
18 hauchdünne Scheiben Pancetta (gerollter italienischer Speck, siehe Randtipp), Coppa oder Rohessspeck
4 Esslöffel Olivenöl
Salz
200 ml roter Portwein
1 Teelöffel Fleischexrakt oder
½ Teelöffel Bouillonpaste
40 g Butter

1 Den Szechuanpfeffer in einem kleinen Topf ohne Fettzugabe bei mittlerer Hitze rösten, bis die Körner anfangen zu duften. Dann mit den Wacholderbeeren und den Pimentkörnern im Mörser fein zerstossen. Zuletzt den Majoran oder Oregano beifügen und nochmals alles leicht vermahlen.
2 Die Lammrückenfilets in etwa 1½ cm dicke Scheiben schneiden (→ Randtipp rechts Bild A). Unter Klarsichtfolie mit dem Wallholz oder Fleischklopfer flach klopfen (→ Bild B).
3 Die Fleischscheiben auf der Arbeitsfläche auslegen und auf der Oberseite mit der vorbereiteten Gewürzmischung bestreuen.

Pancetta

Die italienische Speckspezialität wird aus dem Schweinebauch (pancia) hergestellt. Dieser wird nach dem Pökeln gesalzen, gewürzt und dann in seine typische runde Form gebracht. Echter Pancetta wird mindestens 2 Monate luftgetrocknet, bevor er in den Handel kommt. Man kann ihn roh oder gebraten geniessen, er sollte jedoch immer hauchfein und wenn möglich ganz frisch aufgeschnitten werden.

Mit je ½ Scheibe Pancetta, Coppa oder Rohess-speck belegen (→ Bild C). Die Fleischscheiben zusammenklappen und mit einem Zahnstocher fixieren (→ Bild D). Die Saltimbocca wenn nötig kühl stellen.

4 Den Backofen auf 80 Grad vorheizen. Eine Platte sowie 6 Teller vorwärmen.

5 In einer grossen Bratpfanne das Olivenöl kräftig erhitzen. Die Fleischstücke leicht salzen und im heissen Öl auf der ersten Seite je nach Dicke 1–1½, auf der zweiten Seite noch knapp 1 Minute braten. Sofort auf die vorge-wärmte Platte in den Ofen geben.

6 Den Bratensatz mit dem Portwein auflösen und gut zur Hälfte einkochen lassen. Die Butter beifügen und in die Sauce einziehen lassen. Über die Lamm-Saltimbocca im Ofen träufeln und diese noch 15–20 Minuten nachgaren lassen.

Für weniger/mehr Gäste

2 Personen: Rezept in ⅓ der Menge zubereiten.
4 Personen: Rezept in ⅔ der Menge zubereiten.
8 Personen: Rezept in 1⅓-facher Menge zubereiten, zum Auflösen des Bratensatzes ¼ l Portwein verwenden.
10 Personen: Rezept in 1⅔-facher Menge zubereiten, zum Auflösen des Bratensatzes ¼ l Portwein verwenden.
12 Personen: Rezept in doppelter Menge zubereiten, jedoch zum Auflösen des Bratensatzes nur 300 ml Port-wein verwenden.

Melonenrisotto mit Rucolapesto

Für 6 Personen als Vorspeise oder Beilage

Melonen in einem pikanten Gericht? Sie wer-den staunen: Nicht nur farblich, sondern auch geschmacklich passt dieser originelle und raffinierte Risotto perfekt zur Lamm-Saltim-bocca. Je nach Saison kann man den Rucola-pesto durch einen Basilikumpesto ersetzen.

Rucolapesto:

50 g Rucola
1 kleine Knoblauchzehe
2 gehäufte Esslöffel Mandelblättchen
oder Mandelstifte
100 ml Olivenöl
Salz, schwarzer Pfeffer aus der Mühle

Risotto:

½ Melone mit orangem Fruchtfleisch
1 Schalotte
½ Teelöffel Safranfäden
¼ Teelöffel Salz
2 Esslöffel Butter
250 g Risottoreis
50 ml Noilly Prat
100 ml Weisswein
ca. 700 ml Hühnerbouillon
25 g Butter zum Verfeinern
50 g frisch geriebener Parmesan
Salz, schwarzer Pfeffer aus der Mühle

1 Den Rucola waschen, dann fein schneiden. Den Knoblauch schälen und in Scheibchen schneiden. Rucola, Knoblauch, Mandeln und Olivenöl in einen hohen Becher geben und mit dem Stabmixer pürieren. Mit Salz und Pfeffer würzen.

2 Die Schale der Melone sowie schwammiges Inneres mit den Kernen entfernen. Das Frucht-fleisch in etwa 1 cm grosse Würfel schneiden.

3 Die Schalotte schälen und fein hacken. Die Safranfäden und das Salz fein zerstossen.

4 In einem Topf die 2 Esslöffel Butter erhitzen. Die Schalotte darin andünsten. Den Reis beifügen und mitrösten. Noilly Prat und Wein beifügen und einkochen lassen.

5 Nun gut die Hälfte der Bouillon – etwa 400 ml – dazugiessen, den zerstossenen Safran beifügen und alles unter weiterem Rühren vom Reis aufnehmen lassen. Bis hierher kann der Risotto 3–4 Stunden im Voraus vorbereitet werden.

6 Kurz vor dem Servieren die restliche Bouillon auf einmal beifügen, kräftig aufkochen und dann zugedeckt noch so lange leise kochen lassen, bis der Risotto bissfest ist; er soll in der Konsis-tenz sehr feucht, fast suppig sein. Wenn nötig etwas Bouillon oder Wasser nachgiessen. Zuletzt die Melonenwürfel, die zweite Portion Butter und den Parmesan unterrühren und den Reis mit reichlich frisch gemahlenem Pfeffer sowie wenn nötig Salz abschmecken. Zugedeckt auf kleinem Feuer noch 2–3 Minuten ruhen lassen.

7 Den Risotto anrichten und mit etwas Rucola-pesto garnieren. Sofort servieren.

Für weniger/mehr Gäste

2–3 Personen: Zutaten halbieren; nicht geeignet für die Zubereitung in Kleinstmenge.
4–5 Personen: Rezept in ⅔ der Menge zubereiten.
8–10 Personen: Rezept in 1½-facher Menge zubereiten.
12 Personen: Rezept in doppelter Menge zubereiten.

→ **Spicy Saltimbocca**

A Die Lammrückenfilets in etwa 1½ cm dicke Scheiben schneiden. Verwendet man Entenbrust, wird zuvor die Fetthaut entfernt.

B Die Fleischstücke unter Klarsicht-folie mit dem Wallholz oder Fleisch-klopfer flach klopfen. Wichtig: Der Fleischklopfer soll keine genoppte Oberfläche haben, sonst wird das Fleisch zerrissen anstatt geklopft.

C Die Fleischscheiben mit der Gewürzmischung bestreuen. Mit je ½ Scheibe Pancetta, Coppa oder Rohessspeck belegen.

D Die Fleischscheiben zusammen-klappen und mit einem Zahnstocher fixieren.

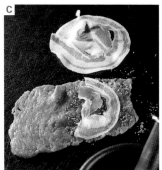

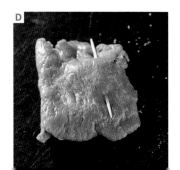

Avocadocreme

Für 6 Personen

Für einmal kommen Avocados in süsser Form daher: Sie werden mit saurem Halbrahm und Joghurt zu einer feinen Creme püriert und zum Servieren von einer Himbeersauce begleitet.

3 reife Avocados
Saft von 1½ Zitronen
6 Esslöffel Zucker
1 Päckchen Bourbon-Vanillezucker
2 Becher saurer Halbrahm (360 g)
1 Becher Joghurt nature (180 g)
400 g frische oder tiefgekühlte Himbeeren
2 Esslöffel Zucker für die Himbeeren

Avocados

Haben Sie gewusst, dass es weltweit mehr als 500 Avocadosorten gibt? Davon gelangen allerdings nur einige wenige in unsere Verkaufsregale. Die einzige, die das ganze Jahr über erhältlich ist, ist die Sorte Hass, gut erkennbar an ihrer runzeligen, fast schwarz gefärbten Schale. Avocados sind besonders reich an einfach ungesättigten Fettsäuren, enthalten ebensoviel Kalium wie Bananen und fast doppelt soviel Ballaststoffe wie Äpfel.
Avocados reifen erst nach der Ernte. Sie sind reif, wenn das Fruchtfleisch in der Nähe des Stielansatzes auf leichten Druck nachgibt. Nie im Kühlschrank aufbewahren, da Kälte sie beim Nachreifen faulen lässt. Nur von einer übrig gebliebenen angeschnittenen Avocado bestreicht man die Schnittfläche mit Zitronensaft, wickelt sie in Klarsichtfolie und bewahrt sie kühl auf; auf diese Weise hält sie sich noch 2 Tage frisch, ohne sich braun zu verfärben.

1 Die Avocados halbieren, den Stein entfernen und das Fruchtfleisch aus der Schale lösen. Mit dem Zitronensaft, der ersten Portion Zucker (6 Esslöffel), dem Bourbon-Vanillezucker und der Hälfte des sauren Halbrahms mit dem Stabmixer pürieren.
2 Nun den restlichen sauren Halbrahm sowie den Joghurt unter die Creme ziehen. Mindestens 1 Stunde kühl stellen.
3 Frische Himbeeren verlesen, tiefgekühlte Früchte an- oder auftauen lassen. Einige schöne Beeren für die Garnitur beiseitestellen. Die restlichen Himbeeren in einen hohen Becher geben, die 2 Esslöffel Zucker beifügen und alles fein pürieren. Das Himbeerpüree durch ein Sieb streichen, um die Kerne zu entfernen. Bis zum Servieren kühl stellen.
4 Die Avocadocreme in Gläser oder Dessertschalen anrichten und in der Mitte jeweils mit einem Löffel eine Vertiefung eindrücken. Etwas Himbeerpüree hineingeben und das Dessert mit den beiseitegestellten Himbeeren garnieren.

Für weniger/mehr Gäste
2 Personen: Rezept in ⅔ der Menge zubereiten.
4 Personen: Rezept in ⅔ der Menge zubereiten.
8 und mehr Personen: Zutaten entsprechend der Gästezahl vervielfachen.

Der Arbeitsplan

Am Vorabend
– Suppe zubereiten (bis Punkt 4).
– Saltimbocca vorbereiten (bis Punkt 3).

4 Stunden vorher
– Dessert zubereiten.
– Risotto vorbereiten (bis Punkt 5).

Vor dem Essen
– Fleisch anbraten und Jus zubereiten.
– Suppe nochmals gut erhitzen und fertigstellen.

Nach der Vorspeise
– Risotto fertigstellen.

Nach dem Hauptgang
– Dessert anrichten.

Für Hitze- und andere Sommertage

Mozzarella-Spiesschen

Provenzalisches Kräuterhuhn mit Zucchetti-Bulgur

Mascarponecreme mit Himbeeren

Mozzarella-Spiesschen

Provenzalisches Kräuterhuhn mit Zucchetti-Bulgur

Mascarponecreme mit Himbeeren

Mozzarella-Spiesschen

Für 4 Personen

Zum Rohgeniessen sollte man nach Möglichkeit immer Büffelmozzarella wählen, der kräftiger im Geschmack und zarter in der Konsistenz ist. In diesem Rezept kommt er zwar in der traditionellen Kombination mit Basilikum und Tomaten daher und dennoch ganz anders: nämlich als attraktiver Spiess auf Rucolasalat mit Rohschinken.

2 Kugeln Büffelmozzarella, je ca. 150 g
16 Basilikumblätter
16 Cherrytomaten
Salz, schwarzer Pfeffer aus der Mühle
100 g Rucolasalat
3 Esslöffel Balsamicoessig
6 Esslöffel Olivenöl
8 Scheiben Rohschinken

1 Die beiden Mozzarellakugeln in je 8 Würfel schneiden. Diese mit je 1 Basilikumblatt belegen.
2 Die Cherrytomaten halbieren und die Schnittflächen mit Salz und Pfeffer würzen. Abwechselnd mit dem Mozzarella auf Holzspiesse stecken.
3 Den Rucolasalat waschen und trocken schleudern oder gut abtropfen lassen.
4 In einer Schüssel Balsamicoessig, Salz, Pfeffer und Olivenöl zu einer Sauce rühren.
5 Die Rohschinkenscheiben zu Rosetten formen (→ Bild Randtipp).
6 Unmittelbar vor dem Servieren den Rucolasalat mit der Balsamicosauce mischen und auf Tellern anrichten. Die Mozzarella-Spiesse darauflegen. Mit den Rohschinkenrosetten garnieren. Nach Belieben frisch geröstetes Knoblauchbrot oder knuspriges Baguette dazu servieren.

Für weniger/mehr Gäste
2 Personen: Zutaten halbieren.
6 und mehr Personen: Zutaten entsprechend der Gästezahl vervielfachen.

→ Dekorativer Rohschinken
Für dekorative Rohschinkenrosetten werden die Scheiben am besten längs halbiert. Dann jeweils zwei Rohschinkenstreifen der Länge nach aneinander legen und zu einer lockeren Rosette aufrollen; den Rand leicht nach aussen stülpen.

Provenzalisches Kräuterhuhn

Für 4 Personen

Die reichhaltige Kräutermischung geht im wahrsten Sinne des Wortes unter die Haut – zuerst dem Huhn und dann hoffentlich Ihnen beim Genuss dieses würzigen Poulets! Es ist übrigens auch ein Gästegericht, das nicht viel zu tun gibt, erledigt doch der Ofen die ganze Braterei von allein.

2 kleinere Poulets, je ca. 1 kg
1 Bund Thymian
2 Rosmarinzweige
4–6 Salbeiblätter
1 Bund glattblättrige Petersilie
abgeriebene Schale von 1 Zitrone
2 Esslöffel Olivenöl für die Kräutermarinade
Salz, schwarzer Pfeffer aus der Mühle
50 ml Olivenöl zum Braten
150 ml Weisswein
Saft von ½ Zitrone

1 Die Poulets mit einer Geflügelschere zuerst auf der Rückenseite links und rechts vom Rückgrat der Länge nach durchschneiden (→ Randtipp rechts Bild A). Dann auf der Brustseite in der Mitte ebenfalls längs entzweischneiden, sodass 2 Poulethälften entstehen (→ Bild B).
2 Die Thymianblättchen von den Zweigen zupfen. Rosmarinnadeln, Salbei und Petersilie fein hacken. Alle Kräuter, die abgeriebene Zitronenschale und die erste Portion Olivenöl mischen. Die Haut der Poulets sorgfältig lösen und die Kräuter darunterschieben (→ Bild C). Dann die Haut wieder über das Fleisch legen und mit Zahn-stochern fixieren. Wenn nötig die Poulets wieder kühl stellen.
3 Den Backofen auf 220 Grad Umluft (Unter-/Oberhitze 230 Grad) vorheizen.
4 Vor der Zubereitung die Poulethälften mit Salz und Pfeffer würzen. Den Boden eines grossen Bräters oder einer feuerfesten Form mit etwas Olivenöl ausstreichen. Die Poulets hineinlegen und grosszügig mit Olivenöl bestreichen.
5 Die Poulets im auf 220 Grad Umluft (Unter-/Oberhitze 230 Grad) vorgeheizten Ofen auf der mittleren Rille 20 Minuten anbraten.

6 Weisswein und Zitronensaft mischen und über die Poulethälften träufeln. Die Ofentemperatur auf 200 Grad Umluft (Unter-/Oberhitze 210 Grad) reduzieren und die Poulets weitere 30 Minuten braten, dabei regelmässig mit dem entstandenen Bratenjus übergiessen.

Für weniger/mehr Gäste
2 Personen: Zutaten halbieren, jedoch zum Braten 100 ml Weisswein verwenden.
6 und mehr Personen: Zutaten entsprechend der Gästezahl vervielfachen. Den Weisswein schöpflöffelweise zugeben.

Zucchetti-Bulgur

Für 4 Personen

Bulgur wird aus Hartweizenkörnern hergestellt, die gedämpft, geschält, getrocknet und feiner oder gröber geschrotet werden. Er muss nicht mehr gekocht werden, sondern es reicht, wenn man ihn mit heisser Flüssigkeit übergiesst und quellen lässt. Das bekannteste Gericht, das mit Bulgur zubereitet wird, ist zweifellos das Tabouleh, ein traditioneller Salat mit Tomaten, Frühlingszwiebeln, Petersilie und Minze, der in ganz Nordafrika, aber auch in Frankreich gegessen wird. Der Zucchetti-Bulgur, den ich als Beilage zum provenzalischen Huhn vorschlage, ist ein Gericht mit viel Gemüse sowie einer pikanten Joghurtsauce, die auch zu den Poulets passt. Der Bulgur kann heiss, lauwarm oder ausgekühlt serviert werden.

Joghurtsauce:
1 Becher griechischer Joghurt nature (180 g)
gut ½ Teelöffel mittelscharfes Paprikapulver
1 Prise Cayennepfeffer
etwas Salz

Bulgur:
400 ml Gemüsebouillon
200 g Bulgur, mittelfein oder grob
4 mittlere Zucchetti
2 Frühlingszwiebeln
½ Bund Oregano
2–3 Fleischtomaten, je nach Grösse
Salz, schwarzer Pfeffer aus der Mühle
4 Esslöffel Pinienkerne
4 Esslöffel Olivenöl

1 Für die Sauce in einer kleinen Schüssel Joghurt, Paprika, Cayennepfeffer und Salz verrühren. Bis zum Servieren kühl stellen.
2 Für den Bulgur die Stielansätze der Zucchetti entfernen und die Früchte ungeschält in kleinfingergrosse Stängelchen schneiden. Die Frühlingszwiebeln mitsamt schönem Grün hacken. Die Oreganoblättchen von den Zweigen zupfen und ebenfalls hacken.
3 Reichlich Wasser aufkochen. Die Tomaten 20 Sekunden hineingeben. Dann herausheben und unter fliessendem kaltem Wasser abschrecken. Die Tomaten häuten, waagrecht halbieren, entkernen und in kleine Würfel schneiden. Mit Salz und Pfeffer würzen.
4 In einer kleinen Pfanne die Pinienkerne ohne Fettzugabe hellbraun rösten. Auf einen Teller geben.
5 In einem mittleren Topf die Bouillon aufkochen. Den Bulgur hineingeben und zugedeckt auf kleinstem Feuer etwa 15 Minuten ausquellen lassen.
6 In einer beschichteten Bratpfanne das Olivenöl erhitzen. Frühlingszwiebeln und Zucchetti hineingeben, mit Oregano bestreuen, leicht salzen und pfeffern und alles unter häufigem Wenden 5 Minuten goldgelb braten. Zuletzt die Tomatenwürfel beifügen und alles 1 weitere Minute braten. Nun die Pinienkerne und den ausgequollenen Bulgur beifügen und nur noch gut heiss werden lassen. Den Zucchetti-Bulgur mit Salz und Pfeffer abschmecken und auf einer Platte anrichten. Die Joghurtsauce separat dazu servieren.

Für weniger/mehr Gäste
2 Personen: Zutaten halbieren.
6 und mehr Personen: Zutaten entsprechend der Gästezahl vervielfachen.

→ **Wie die Kräuter unter die Haut kommen**
A Das Poulet mit einer Geflügelschere zuerst auf der Rückenseite links und rechts vom Rückgrat der Länge nach durchschneiden.

B Dann das Poulet auf der Brustseite in der Mitte ebenfalls längs entzweischneiden, sodass 2 Poulethälften entstehen.

C Die Haut sorgfältig mit den Fingern lösen und mit einem kleinen Löffel die vorbereitete Kräutermischung darunterschieben. Dann die Haut wieder über das Fleisch legen und mit Zahnstochern fixieren.

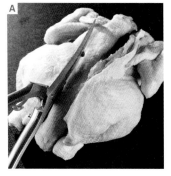

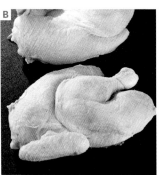

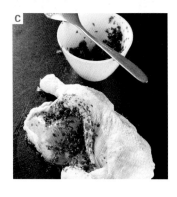

Mascarponecreme mit Himbeeren

Für 4–5 Personen

400 g frische oder tiefgekühlte Himbeeren
1 Esslöffel Puderzucker
nach Belieben 2 Esslöffel Himbeergeist
1 unbehandelte Zitrone
250 g Mascarpone
150 g Blanc battu oder ein anderer Frischkäse
2 Eigelb
50 g Zucker
2 Eiweiss
1 Esslöffel Zucker für den Eischnee
einige grüne Pistazienkerne oder geröstete
Mandelblättchen zum Garnieren

1 Gefrorene Himbeeren auftauen lassen. Frische Himbeeren verlesen. Die Himbeeren mit dem Puderzucker sowie nach Belieben mit dem Himbeergeist sorgfältig mischen. Kurz ziehen lassen.
2 Inzwischen die Schale der Zitrone fein abreiben. Den Saft von ½ Zitrone auspressen.
3 Mascarpone, Blanc battu oder ein anderer Frischkäse, Zitronenschale und -saft sorgfältig mischen. Die Eigelbe und die 50 g Zucker unterrühren.
4 Die Eiweiss knapp steif schlagen. Die zweite Portion Zucker unter Weiterrühren einrieseln lassen und noch so lange weiter schlagen, bis die Masse glänzend weiss ist. Den Eischnee sorgfältig unter die Mascarponecreme ziehen.
5 Die Hälfte der Himbeeren mit wenig Saft in 4 Gläser oder Dessertschalen verteilen. Mit der Hälfte der Mascarponecreme bedecken. Die restlichen Himbeeren darauf verteilen und mit der Mascarponecreme abschliessen. Die Creme mindestens 1 Stunde kühl stellen.
6 Vor dem Servieren die Creme mit gehackten Pistazien oder gerösteten Mandelblättchen garnieren.

Für weniger/mehr Gäste
2 Personen: Zutaten halbieren.
6 und mehr Personen: Zutaten entsprechend der Gästezahl vervielfachen.

Frischkäse
Die nicht oder nur wenige Tage gereiften Frischkäse gibt es von Mager- bis Doppelrahmstufe. Welches Produkt man verwendet, ist eine Geschmacks- und Kalorienfrage. Aber: Je fettreicher, desto besser trägt er das Aroma der übrigen Zutaten und desto cremiger ist auch die Konsistenz. Vom mageren, säuerlichen Blanc battu bis zum Doppelrahm-Philadelphia ist also in diesem Dessert alles möglich.

Der Arbeitsplan

4 Stunden vorher
– Poulets vorbereiten (bis Punkt 2).
– Joghurtsauce, Gemüse und Pinienkerne für Zucchetti-Bulgur vorbereiten (bis Punkt 4).
– Dessert zubereiten.
– Mozzarella-Spiesschen vorbereiten (bis Punkt 5).

Vor dem Essen
– Den Backofen auf 220 Grad Umluft (Unter-/ Oberhitze 230 Grad) vorheizen.
– Poulet würzen und braten.

– Die Mozzarella-Spiesschen anrichten.
– Bouillon für Bulgur aufkochen und diesen ausquellen lassen (Punkt 5).

Nach der Vorspeise
– Poulet während des Fertigbratens noch 2- bis 3-mal mit Jus beträufeln.
– Zucchetti-Bulgur fertigstellen.

Nach dem Hauptgang
– Creme garnieren.

Dreisterneküche für zuhause

Prosecco-Süppchen mit Rauchlachs

**Pfeffer-Kalbsfilet in der Folie
mit mediterranem Ofenreis**

Erdbeer-Meringue-Eisbombe

Prosecco-Süppchen mit Rauchlachs

Pfeffer-Kalbsfilet in der Folie mit mediterranem Ofenreis

Erdbeer-Meringue-Eisbombe

Prosecco-Süppchen mit Rauchlachs

Für 4–6 Personen

Eine elegante Suppe, zu der man natürlich geniesst, womit man sie abgeschmeckt hat: nämlich Prosecco – ausser man hat ihm schon in der Küche den Garaus gemacht. Mit einem Gläschen Schaumwein kocht es sich bekanntlich besonders beschwingt! Anstelle von Prosecco kann man selbstverständlich auch anderen Schaumwein verwenden (→ siehe Randtipp). Es sollte jedoch immer eine trockene (brut) Qualität sein, sonst schmeckt die Suppe süsslich. Auch für den Rauchlachs gibt es Ersatz: Verwenden Sie Roh- oder sogenannten Lachsschinken.

1 kleine Zwiebel
1 kleine Stange Bleichlauch
⅓–½ kleiner Knollensellerie, je nach Grösse
1 mittlere Karotte
20 g Butter
1 gehäufter Teelöffel Mehl
800 ml Gemüsebouillon
80 g Rauchlachs, in feine Scheiben geschnitten
4 Zweige Kerbel
150 ml Rahm
Salz, schwarzer Pfeffer aus der Mühle
100 ml Prosecco

1 Die Zwiebel schälen und hacken. Den Bleichlauch waschen und in dünne Ringe schneiden. Sellerie und Karotte schälen und klein würfeln.
2 In einem mittleren Topf die Butter erhitzen. Die Zwiebel und alles Gemüse darin andünsten. Das Mehl mit 100 ml Bouillon verrühren, dann mit der restlichen Bouillon zum Gemüse geben. Die Suppe zugedeckt etwa 20 Minuten kochen lassen.
3 Inzwischen die Rauchlachsscheiben in Streifchen schneiden. Die Kerbelblättchen von den Zweigen zupfen. Den Rahm steif schlagen und mit Salz und Pfeffer würzen.
4 Die Suppe mit dem Stabmixer sehr fein pürieren. Die Hälfte des geschlagenen Rahms untermixen und die Suppe mit Salz sowie Pfeffer würzen.

5 Unmittelbar vor dem Servieren die Suppe nochmals aufkochen und den Prosecco dazugiessen. Nur noch knapp 1 Minute kochen lassen. Dann die Suppe in vorgewärmten tiefen Tellern oder Tassen anrichten, den restlichen geschlagenen Rahm als Häubchen daraufsetzen, die Lachsstreifen darüber verteilen und die Suppe mit den Kerbelblättchen garnieren. Sofort servieren.

Für weniger/mehr Gäste
2–3 Personen: Zutaten halbieren.
8 und mehr Personen: Zutaten der Gästezahl entsprechend vervielfachen.

Pfeffer-Kalbsfilet in der Folie

Für 4–5 Personen

Diesem edlen und teuren Fleischstück gebührt die richtige Zubereitungsart. Besonders schonend ist der Garvorgang, wenn man das Kalbsfilet nach dem Anbraten satt in Klarsichtfolie wickelt, zuerst im Dampf gart und abschliessend bei Niedertemperatur nachgaren lässt. Wer unsicher ist, ob das Kalbsfilet die perfekte Garstufe hat und innen leicht rosa ist, verwendet am besten ein Bratenthermometer, das die Kerntemperatur anzeigt. Mit dem Pfeffer kann man selbstverständlich variieren: Anstelle von vier Sorten kann man auch nur eine Mischung von schwarzem und rotem oder grünem Pfeffer verwenden. Das Kalbsfilet schmeckt so fein, dass es eigentlich keine Sauce braucht. Wünscht man dennoch einen kleinen Jus, reduziert man ⅛ l weissen Portwein mit 200 ml Kalbsfond auf knapp 100 ml und bindet die Sauce mit 50–60 g Butter.

600–700 g Kalbsfilet
etwas Olivenöl zum Braten und zum Bestreichen der Folie
je 1 Teelöffel weisser, schwarzer, grüner und roter Pfeffer
1 gestrichener Teelöffel Fleur de Sel
1 unbehandelte Zitrone

1 Das dünne Ende des Kalbsfilets umlegen und mit einem Holzstäbchen fixieren (→Randtipp Bild A).

2 In einer Bratpfanne etwas Olivenöl kräftig erhitzen. Das Kalbsfilet auf der ersten Seite 1 Minute, dann rundum nochmals knapp 1 Minute sehr heiss anbraten. Auf einem Kuchengitter abkühlen lassen. Das Holzstäbchen entfernen.

3 Alle Pfeffersorten zusammen im Mörser mittelfein zerstossen. Das Fleur de Sel untermischen.

4 Ein grosses Stück Klarsichtfolie auf der Arbeitsfläche auslegen. Auf der unteren Hälfte in der Länge des Kalbsfilets und gut dreimal so breit mit Olivenöl bestreichen. Die Pfeffermischung auf dem eingeölten Streifen verteilen. Die Schale der Zitrone darüberreiben (→Bild B). Das Kalbsfilet darauflegen und satt in die Folie einrollen. Die Enden einige Male fest verdrehen, dann nach unten legen, sodass die Folie sehr eng am Fleisch anliegt (→Bild C). Bis hierher kann das Filet 2 Stunden im Voraus vorbereitet werden.

5 Das Kalbsfilet 12 Minuten dampfgaren. Kann man die Dampftemperatur einstellen, ist 80 Grad empfehlenswert. Die Garzeit wird ab dem Moment berechnet, wo man das Filet in den kalten Ofen gibt. Man kann das Kalbsfilet auch in einem Dämpfaufsatz zubereiten: In diesem Fall das Wasser unter dem Dämpfaufsatz zuerst aufkochen, dann den Dämpfaufsatz mit dem Filet zugedeckt darübersetzen; die Garzeit beträgt je nach Intensität des Dampfs und Dicke des Filets nur 9–10 Minuten; das Wasser darunter muss immer lebhaft kochen!

6 Das Filet aus dem Dampf nehmen beziehungsweise den Ofen auf 70 Grad Umluft oder 80 Grad Unter-/Oberhitze umstellen. Wenn man das Filet im Dämpfaufsatz gart, muss vorher der Backofen auf 80 Grad vorgeheizt werden; eine Platte mitwärmen. Das Kalbsfilet in der Folie mindestens 20 Minuten nachgaren lassen. Die Kerntemperatur sollte etwa 65 Grad betragen.

Für weniger/mehr Gäste
Weniger Gäste: Zubereitungsart eignet sich nicht für kleinere Mengen als rezeptiert.
Mehr Gäste: Nur zubereiten, wenn man die Menge verdoppeln kann, also für 8–10 Personen 2 Filets zubereiten; jedes Filet einzeln verpacken!

Mediterraner Ofenreis

Für 4–5 Personen

Wer keinen zweiten Backofen hat, kann diesen attraktiven Gemüsereis trotzdem zubereiten. Man gibt ihn gut 30 Minuten vor dem Dämpfen des Kalbsfilets in den Ofen. Wenn der Reis knapp weich ist, die Form mit Alufolie zudecken, die Ofenhitze auf 80 Grad reduzieren und gleichzeitig das Filet im Steamer oder Dämpfaufsatz dämpfen. Dann neben dem Reis bei 80 Grad nachgaren lassen.

Je 1 rote und gelbe Peperoni
2 kleinere Zucchetti
1 mittlere Zwiebel
2 Knoblauchzehen
1 Bund Oregano
250 g Parboiled-Risottoreis
Olivenöl für die Form
50 g entsteinte grüne Oliven
50 g geschälte Mandelkerne
150 ml Weisswein
600 ml Hühnerbouillon
schwarzer Pfeffer aus der Mühle

1 Die Peperoni halbieren, entkernen und in Würfel von etwa 2 × 2 cm schneiden. Die Zucchetti ungeschält in Rädchen schneiden. Die Zwiebel schälen und klein würfeln. Die Knoblauchzehen schälen und in Scheibchen schneiden. Die Oreganoblätter grob hacken. Die Hälfte des Oreganos für die Garnitur beiseitelegen.

2 Den Backofen auf 180 Grad vorheizen.

3 Den Reis kurz abspülen und in eine mit Olivenöl gefettete Gratinform geben. Peperoni, Zucchetti, Zwiebel, Knoblauch, Oregano, Oliven und Mandeln bunt gemischt mit einschichten.

4 Weisswein und Bouillon aufkochen. Über die Zutaten in der Form verteilen. Den Reistopf ungedeckt sofort im 180 Grad heissen Ofen auf der zweituntersten Rille etwa 40 Minuten backen.

5 Am Ende der Backzeit den Ofenreis mit Hilfe von 2 Gabeln auflockern und mit dem beiseitegestellten Oregano bestreuen.

Für weniger/mehr Gäste
2–3 Personen: Zutaten halbieren.
6–8 Personen: Rezept in 1½-facher Menge zubereiten.
9–10 Personen: Rezept in doppelter Menge zubereiten.

→ So gelingt das Kalbsfilet
A Das dünne Ende des Kalbsfilets umlegen und mit einem Holzstäbchen fixieren. Dies bewirkt, dass das Fleisch an dieser dünneren Stelle nicht zu schnell durchgart.

B Ein grosses Stück Klarsichtfolie auf der Arbeitsfläche auslegen. Auf der unteren Hälfte in der Länge des Kalbsfilets und gut dreimal so breit mit Olivenöl bestreichen. Die Pfeffermischung auf dem eingeölten Streifen verteilen. Die Schale der Zitrone darüberreiben.

C Das Kalbsfilet auf das untere Ende des Pfeffer-Zitronen-Betts legen, dann satt in die Folie einrollen. Die Enden der Folie einige Male fest verdrehen, dann nach unten legen, sodass die Folie sehr eng am Fleisch anliegt und keine Luft beziehungsweise später Dampf an das Kalbsfilet kommen kann.

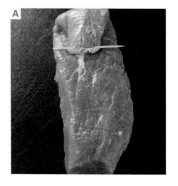

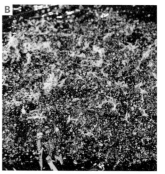

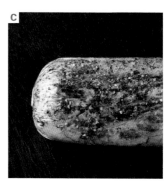

Erdbeer-Meringue-Eisbombe

Für 4–6 Personen

Dieses attraktive saisonale Dessert lässt sich von April bis Anfang Oktober zubereiten, dann ist wieder für ein halbes Jahr Schluss. Tiefgekühlte Beeren eignen sich nicht. Am besten schmeckt die Erdbeer-Eisbombe, wenn sie möglichst frisch zubereitet, also nicht zu lange im Tiefkühler gelagert wurde. Ich persönlich mache bei Einladungen das Dessert fast als Letztes, dann gelingt es immer perfekt. Andernfalls empfiehlt es sich, die Eisbombe vor dem Servieren leicht antauen zu lassen, sodass die Erdbeeren in der Füllung nicht mehr hart gefroren sind.

500 g Erdbeeren
2 Päckchen Bourbon-Vanillezucker
1 gehäufter Esslöffel Zucker
¼ l Rahm
40 g Puderzucker
150 g Doppelrahm
100 g Meringues
nach Belieben einige Erdbeeren und
1 Meringue für die Garnitur

Meringues

Süss wie ein sanfter Kuss – deshalb werden Meringues in Frankreich und auch in Deutschland Baisers genannt. Die Bezeichnung Meringues ist nicht französisch, sondern vom Schweizer Ortsnamen Meiringen abgeleitet. Dort soll ein italienischer Konditor erstmals das knusprige Eiweissgebäck hergestellt haben. Meringues gibt es heute fertig zu kaufen, von winzigklein bis riesengross. Berühmt sind die Emmentaler Meringues, die aussen knusprig, innen aber noch leicht klebrig sind.

1 Die Erdbeeren waschen und rüsten. 300 g der Erdbeeren mit 1 Päckchen Vanillezucker sowie dem Zucker in einen hohen Becher geben und mit dem Stabmixer pürieren. Das Erdbeerpüree kühl stellen. Den Rest der Erdbeeren in kleine Stücke schneiden. Mit dem zweiten Päckchen Vanillezucker sowie nach Geschmack etwas normalem Zucker bestreuen und kurz durchziehen lassen.

2 Inzwischen eine kleinere Schüssel mit Klarsichtfolie auslegen; am besten geht dies, wenn man die Folie auf der einen Seite anfeuchtet.

3 Den Rahm mit dem Puderzucker sehr steif schlagen. Den Doppelrahm sorgfältig unterziehen.

4 Die Meringues grob zerbröckeln und mit den marinierten Erdbeeren mischen. Unter die Rahmmasse ziehen. Diese in die vorbereitete Schüssel füllen und glatt streichen. Mindestens 3 Stunden gefrieren lassen.

5 Zum Servieren die Eisbombe auf eine Platte stürzen. War sie deutlich länger als 3 Stunden im Tiefkühler, nun für 30–45 Minuten in den Kühlschrank stellen, damit sie antauen kann. Nach Belieben mit zerbröselten Meringues sowie einigen Erdbeeren garnieren. Die Erdbeersauce separat dazu servieren.

Für weniger/mehr Gäste

2–3 Personen: Zutaten halbieren, eventuell in Portionenformen gefrieren.
8–12 Personen: Rezept in doppelter Menge zubereiten.

Der Arbeitsplan

4 Stunden vorher
– Suppe zubereiten (bis Punkt 4).
– Gemüse für den Ofenreis vorbereiten.

2 Stunden vorher
– Kalbsfilet vorbereiten.
– Erdbeer-Eisbombe zubereiten.

30 Minuten vor dem Essen

– Backofen auf 180 Grad vorheizen.
– Reis einschichten und backen.

Vor dem Essen
– Kalbsfilet dämpfen, anschliessend im Ofen nachgaren lassen.
– Suppe fertigstellen.

Nach dem Hauptgang
– Wenn nötig Eisbombe im Kühlschrank antauen lassen.

Gut vorbereitet ist schon gekocht

Rohschinken und Melone mit Oliven-Crostini

Überbackene Pouletröllchen mit grünen Bohnen an Estragonsauce und Konfettireis

Aprikosenkompott mit Passionsfrüchten

Rohschinken und Melone mit Oliven-Crostini

Überbackene Pouletröllchen mit grünen Bohnen an Estragonsauce

Aprikosenkompott mit Passionsfrüchten

Rohschinken und Melone mit Oliven-Crostini

Für 4 Personen

**Ganz einfache Gerichte sind manchmal gera-
dezu perfekt. Das gilt auch für diese Vorspeise mit Rohschinken und Melone, die von
Oliven-Crostini begleitet wird. Wenn es eilt,
kann man auch eine gekaufte Olivenpaste
verwenden. Bereiten Sie sie selbst zu, achten
Sie auf hochwertige Oliven, denn ihr Aroma
bestimmt die Qualität der Paste. Auf die
gleiche Weise kann man auch eine Paste mit
grünen Oliven zubereiten.**

Olivenpaste:
100 g schwarze Oliven
2–3 Zweige Thymian
1 kleines Zweiglein Rosmarin
⅓ Bund glattblättrige Petersilie
2 Esslöffel Olivenöl
schwarzer Pfeffer aus der Mühle
einige Tropfen Zitronensaft

Zum Fertigstellen:
1 reife gelbe oder grüne Melone
8 Scheiben Pariser oder italienisches Weissbrot
2 Esslöffel Olivenöl
8–12 Scheiben Rohschinken (siehe auch
Randtipp)

1 Für die Paste die Oliven entsteinen und in
Streifchen schneiden. Thymianblättchen, Rosmarinnadeln und Petersilienblätter von den Zweigen
zupfen. Alle vorbereiteten Zutaten in einen
hohen Becher geben. Das Olivenöl beifügen
und mit dem Stabmixer zu einer Paste pürieren.
Mit reichlich Pfeffer aus der Mühle sowie etwas
Zitronensaft abschmecken.
2 Die Melone halbieren und mit einem Löffel
die Kerne und schwammiges Fleisch entfernen.
Jede Melonenhälfte in 4 dicke Schnitze schneiden,
dann jeden Schnitz aus der Schale schneiden.
3 Die Brotscheiben auf der einen Seite mit
etwas Olivenöl bestreichen und mit dieser Seite
nach oben auf ein Blech legen.
4 Den Backofengrill oder den Ofen auf Stufe
Oberhitze auf 230 Grad vorheizen.
5 Die Melonenschnitze fächerartig aufschneiden. Mit dem Rohschinken auf Tellern anrichten,
dabei Platz für 1–2 Crostini lassen.

6 Die vorbereiteten Brotscheiben auf der obersten Rille im Ofen einschieben und unter dem
Grill oder bei Oberhitze hellbraun rösten. Herausnehmen und noch warm mit Olivenpaste bestreichen. Neben der Melone und dem Rohschinken
anrichten. Sofort servieren.

Für weniger/mehr Gäste
2 Personen: Zutaten halbieren.
6 und mehr Personen: Zutaten entsprechend der
Gästezahl vervielfachen.

Überbackene Poulet-röllchen mit grünen Bohnen an Estragonsauce

Für 4 Personen

**Während Sie die Gäste empfangen, erledigt
der Backofen die Küchenarbeit: Fleisch
und Gemüse werden nämlich zusammen
gebacken. Anstelle des Konfettireises
passen auch in Olivenöl gebratene kleine
Schalenkartoffeln gut dazu.**

400 g grüne Bohnen
8 Tranchen Rohessspeck
2 grosse Zwiebeln
2 Esslöffel Olivenöl
½ Bund Estragon
4 mittlere Pouletbrüstchen
8 in Öl eingelegte Dörrtomaten
1 Esslöffel Bratbutter oder
2–3 Esslöffel Öl von den Tomaten
Salz, schwarzer Pfeffer aus der Mühle
50 ml weisser Portwein oder Noilly Prat

Sauce zum Überbacken:
150 ml Gemüsebouillon
150 ml Rahm
4–6 Dörrtomaten, je nach Grösse
½ Bund Estragon
75 g Doppelrahmfrischkäse mit Meerrettich
Salz, Pfeffer aus der Mühle
25 g frisch geriebener Parmesan

1 Die Bohnen rüsten. In wenig Salzwasser oder im Dampf weich garen. Kurz kalt abschrecken. Dann die Bohnen in 8 Portionen teilen, bündeln und mit je 1 Specktranche umwickeln.

2 Während die Bohnen garen, die Zwiebeln schälen und klein würfeln. In einem kleinen Topf im heissen Olivenöl glasig dünsten. Die Estragonblätter von den Zweigen zupfen und hacken. Am Schluss zu den Zwiebeln geben und diese auskühlen lassen.

3 Die Pouletbrüstchen waagrecht halbieren, sodass man insgesamt 8 Schnitzel erhält (→ Randtipp Bild A). Jedes Schnitzel unter Klarsichtfolie dünn klopfen (→ Bild B). Jeweils 1 Esslöffel Zwiebel-Estragon-Mischung sowie 1 Dörrtomate daraufgeben (→ Bild C). Die Schnitzel satt aufrollen. Die restliche Zwiebelmischung für die Zubereitung der Sauce beiseitestellen.

4 In einer Bratpfanne die Bratbutter oder das Öl kräftig erhitzen. Die Pouletröllchen mit Salz und Pfeffer würzen. Zuerst 1 Minute auf der Nahtseite, dann auf der zweiten Seite noch knapp 1 weitere Minute anbraten. Aus der Pfanne nehmen und abwechselnd mit den Bohnenbündelchen in eine Gratinform schichten.

5 Den Bratensatz mit Portwein oder Noilly Prat auflösen und durch ein Sieb in einen kleinen Topf giessen. Bouillon und Rahm beifügen. Die Dörrtomaten klein würfeln und mit der restlichen Zwiebelmischung dazugeben. Aufkochen, dann 5 Minuten lebhaft kochen lassen.

6 Inzwischen den Estragon fein hacken. Nach 5 Minuten Kochzeit der Sauce den Estragon mit dem Doppelrahmfrischkäse beifügen. Den Frischkäse unter Rühren schmelzen lassen. Die Sauce mit Salz und Pfeffer abschmecken. Etwas abkühlen lassen, dann in die Gratinform giessen.

7 Den Backofen auf 200 Grad vorheizen.

8 Die Pouletröllchen mit dem Parmesan bestreuen. In der Mitte im 200 Grad heissen Ofen 20–25 Minuten überbacken.

Für weniger/mehr Gäste
2 Personen: Zutaten halbieren, jedoch für die Sauce zum Überbacken je 100 ml Bouillon und Rahm sowie 50 g Doppelrahmfrischkäse verwenden.
6 und mehr Personen: Zutaten entsprechend der Gästezahl vervielfachen.

Konfettireis

Für 4 Personen

Die Konfetti sind für einmal nicht aus Papier, sondern aus Gemüse, genauer aus verschiedenfarbigen Peperoni geschnitten und verleihen dem Wildreismix Farbe und Aroma (siehe Randtipp links).

Je ½ rote, orange und gelbe Peperoni
200 g Wildreismix
Salz
1 gehäufter Esslöffel Butter

1 Die Peperoni entkernen und in allerkleinste Würfelchen schneiden. Zugedeckt kühl stellen.

2 Reichlich Salzwasser aufkochen. Den Reis hineingeben und etwa 12 Minuten bissfest garen. In ein Sieb abschütten, gut abtropfen und abkühlen lassen. Anschliessend kühl stellen.

3 Kurz vor dem Servieren in einem weiten Topf die Butter erhitzen. Die Peperoniwürfelchen hineingeben, leicht salzen und etwa 3 Minuten unter gelegentlichem Wenden dünsten. Dann den Reis untermischen und unter häufigem Wenden gut heiss werden lassen. Den Reis wenn nötig nachwürzen.

Für weniger/mehr Gäste
2 Personen: Zutaten halbieren.
6 und mehr Personen: Zutaten entsprechend der Gästezahl vervielfachen.

→ **Pouletrollen Schritt für Schritt**
A Die Pouletbrüstchen mit einem scharfen Messer waagrecht halbieren, sodass man insgesamt 8 Schnitzel erhält.

B Jedes Schnitzel unter Klarsichtfolie möglichst dünn klopfen, entweder mit einem speziellen Fleischklopfer oder mit dem Wallholz. Wichtig: Nicht mit zu viel Kraft klopfen, sondern lieber sanfter, dafür mit etwas Geduld, sonst zerreisst man die Fleischfasern.

C Auf die Pouletschnitzel jeweils 1 Esslöffel Zwiebel-Estragon-Mischung sowie 1 Dörrtomate geben. Anschliessend die Schnitzel sorgfältig, aber satt aufrollen.

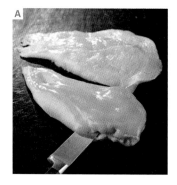

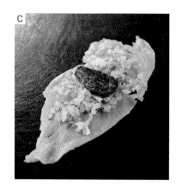

Aprikosenkompott mit Passionsfrüchten

Für 4 Personen

Dieses originelle Kompott wird in einem Bratbeutel oder Bratschlauch im Ofen zubereitet. Dabei können sich die Aromen der beiden Fruchtsorten optimal entwickeln, garen sie doch quasi im eigenen Saft. Auf die gleiche Weise kann man auch Nektarinen oder Pfirsiche zubereiten. Sie werden für das Kompott in Schnitze geschnitten, Pfirsiche müssen zuvor gehäutet werden.

12 reife Aprikosen oder 24 tiefgekühlte Aprikosenhälften
4 Passionsfrüchte
1 Vanilleschote
50 g brauner Zucker

1 Die Aprikosen waschen und mit Küchenpapier trocknen. Die Früchte halbieren, entsteinen, dann die Hälften nochmals halbieren. Tiefgekühlte Aprikosen im Kühlschrank langsam leicht antauen lassen und halbieren.

2 Die Aprikosen in einen Bratbeutel legen. Die Passionsfrüchte halbieren, Saft und Kerne mit einem Löffel herauskratzen und über die Aprikosen verteilen. Die Vanilleschote längs vierteln und auf den Aprikosen verteilen. Alles mit dem Zucker bestreuen. Die Folie über der Füllung zu einem Beutel zusammenfassen und mit dem mitgelieferten Verschluss oder mit Küchenschnur locker binden. Den Folienbeutel auf ein Blech setzen.

3 Die Aprikosen im auf 180 Grad vorgeheizten Ofen auf der zweituntersten Rille je nach Reifegrad, Sorte und Qualität der Früchte 12–20 Minuten nicht zu weich backen.

4 Den Folienbeutel aus dem Ofen nehmen und 10 Minuten stehen lassen. Dann den Beutel öffnen und die Aprikosen mit dem entstandenen Jus in Dessertschalen oder Gläser anrichten. Heiss oder lauwarm servieren.

Gut schmeckt dazu etwas Crème fraîche, geschlagener Rahm, der mit etwas Joghurt und Vanillezucker vermischt wird, Vanilleglace oder – besonders raffiniert – Rosmaringlace.

Für weniger/mehr Gäste
2 Personen: Zutaten halbieren.
6 und mehr Personen: Zutaten entsprechend der Gästezah vervielfachen.

Bratfolie

Die Bratfolie aus Polyäthylen gibt es in zwei Formen: als Beutel oder als Bratschlauch am Meter. Sie eignen sich für alle Gerichte, die im Ofen gegart werden, nicht jedoch für Gebäck (und keinesfalls für den Grill!). Das Garen in der Bratfolie hat den Vorteil, dass der Ofen sauber bleibt, vor allem aber, dass die Zutaten im eigenen Saft garen und ihre Aromen somit vollständig erhalten bleiben. Wichtig: Den Bratschlauch unbedingt einstechen, sonst kann er platzen. Beim Bratbeutel reicht es, ihn relativ locker zu verschliessen, sodass ein wenig Dampf entweichen kann. Aufpassen beim Öffnen der Bratfolie: Am entweichenden Dampf kann man sich die Finger verbrennen!

Der Arbeitsplan

4 Stunden vorher
– Pouletröllchen und Bohnen vorbereiten (bis Punkt 6). Kühl stellen.
– Konfettireis vorbereiten (bis Punkt 2).
– Für die Vorspeise Olivenpaste, Melonen und Brotscheiben vorbereiten. Melonen in Klarsichtfolie wickeln.
– Aprikosen vorbereiten. Gut mit den Passionsfrüchten mischen, damit die Aprikosen sich nicht verfärben.

Vor dem Essen
– Den Backofengrill oder den Ofen auf Stufe Oberhitze auf 230 Grad vorheizen.
– Melonen und Rohschinken anrichten.
– Brötchen zubereiten.
– Backofen auf 180 Grad Unter-/Oberhitze einstellen. Die Pouletröllchen in den Ofen schieben.

Nach der Vorspeise
– Konfettireis fertigstellen.

Nach dem Hauptgang
– Die Aprikosen backen und anrichten.

Für Familien- und andere Feste

Karotten-Frühlingszwiebel-Tatar mit Basilikumbrötchen

Lammgigotbraten mit Knoblauch-Senf-Hollandaise und Gewürzkartoffeln

Lemon-Curd-Parfait

Karotten-Frühlingszwiebel-Tatar mit Basilikumbrötchen

Lammgigotbraten mit Knoblauch-Senf-Hollandaise und Gewürzkartoffeln

Lemon-Curd-Parfait

Karotten-Frühlings-zwiebel-Tatar mit Basilikumbrötchen

Für 6 Personen

Tatar bedeutet immer, dass man Zutaten klein schneidet. Besonders schnell geht es, wenn man bei diesem Gemüsetatar die Karotten an der Röstiraffel reibt und dann im Cutter oder mit einem Messer grob hackt. Die Frühlingszwiebeln sollte man jedoch von Hand schneiden, da sie im Cutter gerne zerquetscht werden und dann leicht bitter schmecken. Anstelle von Frühlingszwiebeln kann man auch rohe, möglichst kleine Zucchetti verwenden. Wenn Kinder am Tisch sind, weicht man die Rosinen in Wasser anstatt Sherry ein.

3 Esslöffel Rosinen
50 ml Sherry
6 mittlere Karotten
3 Frühlingszwiebeln
3 hartgekochte Eier
75 g Mascarpone
125 g Crème fraîche
Saft von ½–¾ Zitrone
Salz, Pfeffer aus der Mühle
½ Teelöffel milder Curry
einige Spritzer Worcestershiresauce

Basilikumbrötchen:
80 g weiche Butter
Salz, schwarzer Pfeffer
1 Bund Basilikum
½ Bund glattblättrige Petersilie
2 Esslöffel grüne Pistazien
12 Scheiben Pariserbrot

1 Die Rosinen unter heissem Wasser gründlich spülen. In ein Schüsselchen geben und mit dem Sherry beträufeln.
2 Die Karotten schälen, der Länge nach in dünne Scheiben, dann in feine Streifen und schliesslich in kleine Würfelchen schneiden.
3 Die Frühlingszwiebeln mitsamt schönem Grün fein schneiden, dann hacken.
4 Die Eier schälen und klein würfeln. Am besten geht dies mit dem Eierschneider: einmal waagrecht, dann quer schneiden.

5 In einer Schüssel Mascarpone, Crème fraîche, Zitronensaft, etwas Salz und Pfeffer, Currypulver und einige Spritzer Worcestershiresauce verrühren. Karotten, Frühlingszwiebeln, Eier und die gut abgetropften Rosinen untermischen. Wenn nötig nachwürzen.
6 Für die Basilikumbrötchen die weiche Butter mit etwas Salz und Pfeffer gut durchrühren, bis sich kleine Spitzchen bilden. Die Basilikum- und Petersilienblätter fein hacken. Zur Butter geben. Die Pistazien mittelfein hacken, ebenfalls beifügen und alles gut mischen. Die Kräuterbutter auf die Brotscheiben streichen.
7 Den Backofen auf 230 Grad vorheizen.
8 Zum Servieren das Gemüsetatar in 6 Portionen teilen, bergartig auf die Teller geben und mit Hilfe von Löffel und Gabel wie ein Fleischtatar formen. Nach Belieben mit Kräutern garnieren.
9 Die Basilikumbrötchen in der Mitte des vorgeheizten Ofens 2½–3 Minuten backen.
Je 1–2 Brötchen neben dem Tatar anrichten. Sofort servieren.

Für weniger/mehr Gäste
2 Personen: Rezept in ⅓ der Menge zubereiten.
4 Personen: Rezept in ⅔ der Menge zubereiten.
8 und mehr Personen: Zutaten entsprechend der Gästezahl vervielfachen.

Lammgigotbraten mit Knoblauch-Senf-Hollandaise

Für 6–8 Personen

Für wie viele Gäste ein Lammgigotbraten reicht, hängt von ihrem Appetit ab. Dabei ist zu beachten: Ein ganzer Gigot mit Bein reicht für eine Gästerunde von gut 8 Personen. Aber bei der Berechnung der Garzeit muss man den Knochen einbeziehen, denn er leitet die Wärme schlecht. Man brät ihn gleich an wie den entbeinten Gigot, gart in dann aber bei 175 Grad etwa 1¼–1½ Stunden. Das Fleischthermometer ist dabei eine verlässliche Hilfe; die Kerntemperatur sollte etwa 68 Grad betragen (gut rosa).

→ Im Beutel marinieren
Das Einlegen von Fleisch in eine Marinade ergibt ein feines Aroma, aber auch einen schützenden Überzug beim Braten und Grillieren. Die einfachste Marinade ist das Bestreichen der Zutaten mit einem guten Olivenöl. Gibt man Zitronensaft, Wein, Essig usw. dazu, bewirkt die Säure eine Lockerung der Fleischfasern. Damit man nicht zu viel Marinade zubereiten muss, die dann später nicht mehr verwendet wird, gibt man Fleisch am besten in einen Folienbeutel, giesst die Marinade dazu, drückt die Luft aus dem Beutel und verschliesst ihn möglichst satt. Anschliessend kann man das Fleisch auf einfache Weise durch Wenden und Drehen mit Marinade überziehen. Ein weiterer Vorteil: Das Aroma der Marinade teilt sich nicht dem ganzen Kühlschrank mit, sondern bleibt im Beutel quasi unter Verschluss.

½ Bund Thymian

3 Zweige Rosmarin

100 ml Olivenöl

schwarzer Pfeffer aus der Mühle

1 entbeinter Lammgigot (Keule, Schlegel),
ca. 1,2 kg

Hollandaise:

6 Knoblauchzehen

400 ml Kalbs- oder Gemüsefond oder
Gemüsebouillon

1 Esslöffel grobkörniger Senf

1 Teelöffel Balsamicoessig

1 Teelöffel Zitronensaft

4 Eigelb

75 g Butter

Salz, schwarzer Pfeffer aus der Mühle

1 Die Thymianblättchen und Rosmarinnadeln
von den Zweigen zupfen und fein hacken. Mit
dem Olivenöl und reichlich frisch gemahlenem
Pfeffer mischen.

2 Den Lammgigot mit Küchenschnur binden.
In einen Tiefkühlbeutel geben und das Kräuteröl
darübergiessen. Den Beutel möglichst satt am
Fleisch verschliessen (→Randtipp links). Einige
Male drehen und wenden, damit sich das Fleisch
gleichmässig mit Marinade überzieht. Hat man nur
kurz Zeit zum Marinieren, den Gigot bei Zimmertemperatur ziehen lassen, sonst kühl stellen.

3 Für die Hollandaise die Knoblauchzehen schälen und halbieren. Mit dem Fond oder der
Bouillon in einen kleinen Topf geben, aufkochen,
dann die Flüssigkeit auf 150 ml einkochen
lassen. Den Knoblauch im verbliebenen Sud
fein pürieren. Bis zur Verwendung kühl stellen.

4 Den Backofen auf 230 Grad vorheizen.

5 Den Gigot aus dem Marinadebeutel nehmen,
in einen Bräter oder auf ein Blech legen und
grosszügig salzen. Die verbliebene Marinade
darüberträufeln.

6 Den Gigot im 230 Grad heissen Ofen im oberen
Drittel einschieben und 20 Minuten anbraten.

7 Die Hitze auf 175 Grad reduzieren. Den Gigot-
braten in der Mitte des Ofens einschieben
und weitere 30 Minuten braten, dabei 2- bis
3-mal mit dem entstandenen Jus beträufeln.

8 Nach Ablauf der Garzeit den Ofen ausschalten
und die Ofentüre einen kleinen Spalt weit
öffnen; am besten klemmt man eine Holzkelle
in die Türe. Den Gigot 15–20 Minuten nachziehen lassen.

9 In einem kleinen Topf die Butter bei geringer
Hitze schmelzen. In einem zweiten Topf, auf den
man eine Chromstahlschüssel setzen kann,
etwa 2 cm hoch Wasser geben und aufkochen.

10 In der Chromstahlschüssel den Knoblauchsud
mit Senf, Balsamicoessig, Zitronensaft und
den Eigelben mit einem Schwingbesen gut verrühren. Die Schüssel über das leicht kochende
Wasserbad setzen und die Masse aufschlagen,
bis sie leicht cremig ist und sich Rührspuren
abzeichnen (→Randtipp Bild A). Nun die geschmolzene Butter unter Weiterschlagen langsam,
zunächst in ganz kleiner Menge einfliessen
lassen (→Bild B). Die Schüssel vom Wasserbad
nehmen und kurz weiterschlagen. Die Hollandaise mit Salz und Pfeffer abschmecken.

11 Den Gigot in dünne Scheiben aufschneiden
und sofort mit der Knoblauch-Senf-Hollandaise
servieren.

Wenn es weniger/mehr Gäst sind

3–4 Personen: Anstelle eines Gigots einen Rollbraten
von 600–700 g verwenden. Die Anbratzeit verringert
sich auf 15 Minuten, das Fertigbraten je nach Dicke
des Fleischstückes auf 20–25 Minuten. 15 Minuten
nachziehen lassen. Die Zutaten für die Marinade und die
Hollandaise halbieren.

10–16 Personen: 2 entbeinte Gigots zubereiten. Restliche Zutaten verdoppeln, für den Hollandaise-Jus
jedoch nur 600 ml Fond oder Bouillon verwenden und
auf ¼ l einkochen lassen.

Gewürzkartoffeln

Für 6–8 Personen

1 kg kleine Kartoffeln waschen und ungeschält
im Dampf oder in Salzwasser bissfest garen.
Noch warm schälen.

100 g in Öl eingelegte Dörrtomaten sowie 3 geschälte Knoblauchzehen fein hacken. 1 grossen
Peperoncino entkernen und klein würfeln.
Die Nadeln von 2 Rosamarinzweigen fein hacken.
Kurz vor dem Servieren 5–6 Esslöffel Olivenöl
oder Öl von den Dörrtomaten in einer Bratpfanne erhitzen. Dörrtomaten, Knoblauch und
Peperoncino darin andünsten. Dann Kartoffeln
und Rosmarin beifügen und kurz mitbraten.
150 ml Weisswein dazugiessen. Alles unter häufigem Wenden auf lebhaftem Feuer 8–10 Minuten
garen, bis der Weisswein praktisch verdampft
ist und die Kartoffeln mit der Mischung in der
Pfanne überzogen sind.

→ So gelingt die Hollandaise
Ideal zum Aufschlagen einer warmen
Buttersauce ist eine Schüssel aus
Edelstahl, da diese die Hitze gut
leitet. Die Schüssel sollte ausserdem einen abgerundeten oder
– ideal – runden Boden aufweisen,
damit man beim Aufschlagen mit
dem Schwingbesen sämtliche Stellen erreicht und die Sauce dort nicht
gerinnt. Für ein Wasserbad genügt
es, den Topf etwa 2 cm hoch mit
Wasser zu füllen. Die Schüssel
wird nämlich über und nicht in das
Wasserbad gesetzt!

A Sud, Würzzutaten und Eigelbe
in die Schüssel geben und über dem
ganz leicht kochenden Wasserbad
so lange aufschlagen, bis eine leicht
cremige Sauce entstanden ist und
sich Rührspuren abzeichnen.

B Nun die flüssige Butter in dünnem
Faden nach und nach unterrühren.
Dabei auf die Temperatur des Was-
serbads achten: Falls die Sauce sehr
dick oder zu heiss wird, sofort vom
Wasserbad nehmen und neben der
Herdplatte weiterrühren.

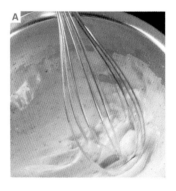

Lemon-Curd-Parfait

Ergibt 6–8 Portionen

Lemon Curd ist eine Zitronen- oder Limetten-Creme. Sie ist in diesem Rezept die Basis für ein köstliches Eis. Wenn es eilt, schmeckt die ungefrorene Masse aber auch sehr gut als unkomplizierte Creme.

2 grosse Zitronen
75 g weiche Butter
125 g Zucker
1 grosses Ei
¼ l Rahm
2 Esslöffel Puderzucker

Himbeersauce:
400 g Himbeeren
Saft von ½ Zitrone
2–3 Esslöffel Puderzucker

1 Die erste Zitrone heiss spülen, abtrocknen und die Schale fein abreiben. Den Saft beider Zitronen auspressen und durch ein feines Sieb giessen, um allfälliges Fruchtfleisch zu entfernen.

2 Die weiche Butter in einem kleinen Topf anschmelzen lassen. Den Zucker beifügen und alles gut durchrühren. Dann das Ei und anschliessend den Zitronensaft sowie die Zitronenschale dazugeben. Alles unter ständigem Rühren aufkochen; die Säure des Zitronensafts verhindert das Gerinnen der Creme. Sofort kochend heiss

in eine kleine Schüssel umgiessen und die Oberfläche der Creme mit Klarsichtfolie belegen, damit sich beim Abkühlen keine Haut bilden kann. Vollständig erkalten lassen. Dann kühl stellen (siehe auch Randtipp).

3 Den Rahm steif schlagen. Zuletzt den Puderzucker unterrühren. Nun den geschlagenen Rahm unter den Lemon Curd ziehen und nach persönlichem Geschmack eventuell mit etwas Zitronensaft abschmecken. Die Creme in eine mit Klarsichtfolie ausgelegte kleine Terrinenform oder Portionenförmchen füllen und mindestens 3 Stunden gefrieren lassen.

4 Die Himbeeren verlesen und etwa 100 g Beeren für die Garnitur beiseitelegen. Die restlichen Himbeeren in einen hohen Becher geben. Zitronensaft und Puderzucker beifügen und die Himbeeren fein pürieren. Anschliessend durch ein Sieb passieren, um die Kerne zu entfernen. Bis zum Servieren kühl stellen.

5 Zum Servieren das Lemon-Curd-Parfait aus der Form stürzen; wenn nötig ganz kurz in lauwarmes Wasser stellen, damit sich die Klarsichtfolie vom Formenrand löst. Das Parfait in Scheiben schneiden und auf Teller anrichten. Mit den beiseitegelegten Himbeeren sowie der Himbeersauce garnieren.

Für weniger/mehr Gäste
3–4 Personen: Der Lemon Curd kann nicht in kleinerer Menge zubereitet werden. Die Hälfte als Parfait zubereiten, Rest anderweitig verwenden (siehe Randtipp).
9–12 Personen: Lemon Curd in doppelter Portion zubereiten, aber nur die 1½-fache Menge für das Parfait verwenden. Restliche Zutaten ebenfalls in der 1½-fachen Menge verwenden.
14–16 Personen: Rezept in doppelter Menge zubereiten.

Lemon Curd
Diese puddingartige Creme, die aus Zitronen oder Limetten, Eiern, Zucker und Butter zubereitet wird, ist eine beliebte britische Spezialität. Lemon Curd gehört zu den traditionellen englischen Brotaufstrichen, die zu Scones oder Toast zum Nachmittagstee serviert werden. Er wird aber auch als Füllung von Torten, Pies, Muffins und anderem Gebäck verwendet und mit Rahm vermischt auch häufig als Creme oder Glace serviert.
Lemon Curd kann nicht in kleinerer Menge als hier rezeptiert zubereitet werden, er hält sich jedoch kochend heiss in ein Einmach- oder Schraubglas gefüllt und gut verschlossen etwa 6 Wochen im Kühlschrank. Nach dem Öffnen des Glases sollte man die Zitronencreme innerhalb von 2 Wochen aufbrauchen. Lemon Curd ist übrigens heute auch bei uns in gut sortierten Lebensmittelgeschäften als Fertigprodukt erhältlich, meist von Herstellern, die auch englische Marmelade im Sortiment haben.

Der Arbeitsplan

Am Vortag
– Lemon Curd zubereiten.
– Nach dem Abkühlen des Lemon Curd das Parfait herstellen.
– Himbeersauce zubereiten.
– Gigot marinieren.

4 Stunden vorher
– Knoblauchsud für die Hollandaise zubereiten.
– Tatar zubereiten.
– Basilikumbrötchen vorbereiten.
– Kartoffeln vorkochen und schälen.
– Alle Gewürzzutaten für die Kartoffeln vorbereiten.

½ Stunde vor dem Essen
– Den Backofen auf 230 Grad vorheizen.
– Den Gigot braten.
– Das Tatar fertigstellen.
– Butter für Hollandaise schmelzen. Sud in der Schüssel und Wasserbad bereitstellen.
– Die Basilikumbrötchen über dem Gigot einschieben und backen.

Nach der Vorspeise
– Gigot im leicht geöffneten Ofen nachgaren lassen.
– Gewürzkartoffeln zubereiten.
– Hollandaise zubereiten.

Farben, Aromen, Düfte

Frischkäsemousse mit Peperoni

In Vanillesud pochierte Pouletbrüstchen mit Cherrytomaten
und Pistazien-Zitronen-Reis

Syllabub mit marinierten Erdbeeren

Frischkäsemousse mit Peperoni

In Vanillesud pochierte Pouletbrüstchen mit Cherrytomaten und Pistazien-Zitronen-Reis

Syllabub mit marinierten Erdbeeren

Frischkäsemousse mit Peperoni

Für 6 Personen

Diese zarten Frischkäsenocken können in rahmigerer oder fettärmerer Variante zubereitet werden. In letzterem Fall müssen sie nach der Zubereitung unbedingt lange genug kühl gestellt werden, damit man schöne Nocken abstechen kann. Anstelle der Peperoni kann man die Mousse und die sie begleitende Vinaigrette auch mit Würfelchen von Karotten, Kohlrabi, Stangensellerie, Zucchetti oder Tomaten zubereiten.

Je 1 rote und gelbe Peperoni
150 g Stangensellerie
2 Knoblauchzehen
2 Esslöffel Olivenöl
75 ml Rahm
600 g Frischkäse (z. B. Philadelphia Joghurt)
Salz, schwarzer Pfeffer aus der Mühle
1½–2 Esslöffel Balsamicoessig
6 Esslöffel Olivenöl für die Vinaigrette
½ Bund Basilikum

1 Die Peperoni halbieren, entkernen und in kleine Würfelchen schneiden. Den Stangensellerie rüsten, dabei schöne Blättchen beiseitelegen und die Stangen ebenfalls klein würfeln. Die Stangensellerieblätter hacken. Den Knoblauch schälen und fein hacken.
2 In einer beschichteten Bratpfanne die erste Portion Olivenöl (2 Esslöffel) kräftig erhitzen. Peperoni, Stangensellerie mitsamt Grün sowie Knoblauch darin nur gerade 1 Minute braten. In eine Schüssel geben und abkühlen lassen.
3 Den Rahm sehr steif schlagen.
4 Den Frischkäse in eine Schüssel geben. Den geschlagenen Rahm sowie 6 Esslöffel des abgekühlten Peperonigemüses beifügen, alles mit Salz sowie Pfeffer würzen und sorgfältig mischen. Die Mousse mindestens 3 Stunden kalt stellen.
5 Balsamicoessig, Salz, Pfeffer und die zweite Portion Olivenöl (6 Esslöffel) verrühren. Das restliche Peperonigemüse beifügen. Die Basilikumblätter von den Zweigen zupfen und fein hacken. Unter die Peperoni-Vinaigrette mischen.

6 Zum Anrichten mit einem Eisportionierer oder einem Löffel, den man immer wieder in heisses Wasser taucht, Nocken von der Frischkäsemousse abstechen und diese auf eine Platte oder auf Teller setzen. Die Peperoni-Vinaigrette darum herum verteilen.

Dazu passt frisches Baguette oder geröstetes Knoblauchbrot.

Für weniger/mehr Gäste
3–4 Personen: Zutaten halbieren.
8–10 Personen: Rezept in 1½-facher Menge zubereiten.
12 Personen: Rezept in doppelter Menge zubereiten.

In Vanillesud pochierte Pouletbrüstchen mit Cherrytomaten

Für 6 Personen

Vanille kennt man fast nur zum Würzen von Süssem. Leider, werden auch Sie sagen, nachdem Sie diese in einem Vanille-Zitronengras-Sud gegarten Pouletbrüstchen genossen haben! Frisches Zitronengras bekommt man in Supermärkten oder Asienläden. Die frischen Stängel halten sich in einem Gefrierbeutel im Kühlschrank 2–3 Wochen, im Tiefkühler 6 Monate. Finden Sie kein Zitronengras, können Sie dem Sud etwas abgeriebene Zitronenschale beifügen.

1 Schalotte
200 g Lauch
2 Stängel Zitronengras
1 Vanilleschote
1 Esslöffel Butter
300 ml Geflügelfond oder Hühnerbouillon
300 ml fruchtiger Weisswein
500 g Cherrytomaten
6 mittlere Pouletbrüstchen
Salz, Pfeffer aus der Mühle

Peperoni
Am Anfang sind Peperoni (Paprikaschoten) alle grün! Dann erst wechseln sie ihre Farbe über Gelb zu Rot. Eine grüne Paprika ist also noch nicht ganz ausgereift, deshalb etwas herber und nicht so süsslich wie die rote Frucht. Hellgelbe, orange und sogar schwarze Früchte sind hingegen das Resultat von Neuzüchtungen.
Für magenempfindliche Menschen empfiehlt es sich, die dünne, pergamentartige Haut der Peperoni mit einem Sparschäler abzulösen, bevor die Früchte verwendet werden. Diese kleine Mühe lohnt sich, denn dadurch werden die Peperoni leichter verdaulich und schmecken nach dem Andünsten oft auch intensiver.

1 Die Schalotte schälen und sehr fein hacken. Den Lauch rüsten und in feine Ringe schneiden. Die Zitronengrasstängel der Länge nach halbieren und mit dem Messerrücken leicht anquetschen. Die Vanilleschote der Länge nach halbieren.

2 In einem weiten Topf die Butter schmelzen. Schalotte und Lauch darin 3–4 Minuten andünsten. Dann das Zitronengras und die Vanilleschote mit den herausgekratzten Samen beifügen und alles 2–3 Minuten mitdünsten. Geflügelfond oder Bouillon sowie Weisswein dazugiessen und den Sud zugedeckt 15 Minuten leise kochen lassen. Dann den Sud durch ein Sieb abgiessen. In die Pfanne zurückgeben. Die Vanilleschote wieder beifügen.

3 Die Cherrytomaten waschen, halbieren und leicht salzen.

4 Etwa ½ Stunde vor dem Servieren den Sud aufkochen. Den Ofen auf 80 Grad vorheizen und eine Platte mitwärmen.

5 Die Pouletbrüstchen in den heissen Sud legen; sie sollten mit Flüssigkeit knapp bedeckt sein. Zugedeckt vor dem Siedepunkt – der Sud darf nie kochen! – je nach Dicke der Brüstchen 12–15 Minuten gar ziehen lassen. Dann mit einer Schaumkelle aus dem Sud heben, auf die vorgewärmte Platte geben, mit etwas Sud beträufeln und im 80 Grad heissen Ofen warm stellen.

6 Die Cherrytomaten in den Sud geben und diesen ungedeckt noch 10 Minuten leise kochen lassen; auf keinen Fall umrühren, sonst zerfallen die Tomaten. Am Schluss alles mit Salz und Pfeffer würzen.

7 Jedes Pouletbrüstchen schräg in 3 Stücke schneiden, auf vorgewärmten Tellern anrichten und mit dem Tomaten-Vanille-Jus umgiessen.

Für weniger/mehr Gäste
2 Personen: Rezept in ⅓ der Menge zubereiten, jedoch 1 Schalotte, 1 Zitronengrasstängel und je 150 ml Fond oder Bouillon und Weisswein verwenden.
4 Personen: Rezept in ⅔ der Menge zubereiten.
8 Personen: Rezept mit 8 Pouletbrüstchen und 750 g Cherrytomaten zubereiten, für den Sud 400 ml Fond oder Bouillon, restliche Zutaten in der rezeptierten Menge verwenden.
10–12 Personen: Pouletbrüstchen der Gästezahl anpassen, restliche Zutaten in 1½-facher Menge verwenden.

Pistazien-Zitronen-Reis

Für 6 Personen

Auch optisch ist dieser mit Pistazienkernen und Zitronenschale gewürzte Langkornreis die perfekte Beilage zu den zart gewürzten Pouletbrüstchen, passt aber auch zu anderen eleganten und raffinierten Fleischgerichten. Wer keine Pistazien bekommt, kann auch Pinienkerne oder geschälte Mandeln verwenden. Wenn Sie die Pouletbrüstchen im Vanillesud zubereiten, kann der Reis natürlich neben dem Fleisch im Ofen nachgaren.

50 g grüne Pistazienkerne
Salz
250 g Parboiled-Langkornreis
(z. B. Uncle Ben's)
50 g Butter
1 Zitrone

1 Die Pistazienkerne grob hacken.
2 Reichlich Wasser aufkochen. Den Backofen auf 80 Grad vorheizen und eine Form mitwärmen.
3 Das kochende Wasser salzen und den Reis hineingeben. Nur so lange kochen lassen, dass er noch sehr körnig ist (10–12 Minuten). Den Reis in ein Sieb abschütten und sehr gut abtropfen lassen. Sofort in die vorgewärmte Form geben und im 80 Grad heissen Ofen etwa 30 Minuten trocknen lassen. Von Zeit zu Zeit mit einer Gabel gleichmässig lockern.
4 Kurz vor dem Servieren in einer beschichteten Bratpfanne die Butter schmelzen. Die Pistazien beifügen und leicht anrösten. Die Schale der Zitrone fein dazureiben und kurz mitdünsten. Dann den gekochten Reis beifügen, alles mischen und gut heiss werden lassen.

Für weniger/mehr Gäste
2 Personen: Rezept in ⅓ der Menge zubereiten.
4 Personen: Rezept in ⅔ der Menge zubereiten.
8 und mehr Personen: Zutaten entsprechend der Gästezahl vervielfachen.

Pistazien
Pistazien sind botanisch keine Nüsse, sondern Kerne. Sie haben eine sehr harte Schale, darunter eine dünne Haut, unter der nach dem Schälen ein grüner, manchmal auch leicht gelblicher Kern zum Vorschein kommt. Ihr süsslicher, milder, leicht mandelartiger Geschmack macht sie zu etwas Besonderem. Weil sie schwierig zu schälen sind, gehören die grünen Pistazienkerne zu den teuersten Nüssen und Kernen. Für pikante Gerichte kann man auf geröstete und/oder leicht gesalzene Aperitif-Pistazien ausweichen; sie sind nicht geschält und deshalb wesentlich günstiger. Geschälte grüne Pistazienkerne sollte man immer im Tiefkühler aufbewahren, da sie ungeröstet und ungesalzen schnell ranzig werden und auch schimmelanfällig sind.

Syllabub mit marinierten Erdbeeren

Für 6 Personen

Als ich zum ersten Mal in Grossbritannien war, habe ich mich zuerst in das fast märchenhafte Wort und anschliessend in das Dessert verliebt, das dahinter steckt. Es ist eigentlich ganz einfach: Rahm wird mit Zitronensaft, Sherry und Zucker aufgeschlagen. Traditionell serviert man in Grossbritannien frische Erdbeeren zum Syllabub, aber natürlich passen auch viele andere Früchte und Beeren dazu, frisch oder auch als Kompott zubereitet.

Erdbeerkompott:
300 g frische oder tiefgekühlte Himbeeren
3 gehäufte Esslöffel Zucker
1 kg Erdbeeren

Syllabub:
abgeriebene Schale von ½–¾ Zitrone
50 ml Zitronensaft
25 ml Sherry oder Apfelsaft
6 Esslöffel Zucker
1¼ l Rahm

→ Syllabub – Zitronenrahm
Es gehört zu den Phänomenen der Küchenchemie, dass Zitronensaft Rahm zum Stocken bringt. Allerdings funktioniert dies nur bei Verwendung von Vollrahm oder Doppelrahm, Halbrahm gerinnt aufgrund seines niedrigen Fettgehalts bei der Beigabe von Zitronensaft.

A Für ein gutes Gelingen ist es wichtig, dass sowohl Rahm als auch Zitronensaftmischung gut gekühlt sind. Den Rahm halb steif vorschlagen und kalt stellen. Vor dem Servieren nach und nach langsam unter kräftigem Schlagen die Zitronensaftmischung dazugiessen.

B Den Syllabub noch so lange weiterschlagen, bis der Rahm schöne Spitzen bildet. Wenn nötig nochmals kühl stellen.

1 Die Himbeeren mit dem Zucker in einen kleinen Topf geben und langsam erhitzen. Dann in einen Mixbecher umfüllen und mit dem Stabmixer fein pürieren. Durch ein Sieb in eine Schüssel streichen.

2 Die Erdbeeren kalt abspülen, gut abtropfen lassen, rüsten und in Scheiben schneiden. Zum Himbeerpüree geben und sorgfältig mischen. Bis zum Servieren kühl stellen.

3 Für den Syllabub die Zitronenschale in ein kleines Schüsselchen reiben. Zitronensaft, Sherry und Zucker beifügen und verrühren, bis sich der Zucker vollständig aufgelöst hat. Bis zum Servieren kühl stellen.

4 Den Rahm halb steif schlagen. Bis zum Servieren kalt stellen.

5 Vor dem Servieren nach und nach langsam unter kräftigem Schlagen die Zitronensaftmischung zum kalten Rahm geben (→ Randtipp Bild A). Noch so lange weiterschlagen, bis der Rahm schöne Spitzen bildet (→ Bild B).

6 Die marinierten Erdbeeren in Gläser oder Dessertschalen geben. Den Syllabub mit einem Eisportionierer oder einem grossen Löffel auf das Erdbeerkompott setzen.

Für weniger/mehr Gäste
2–3 Personen: Erdbeerkompott in ⅓ der Menge, Syllabub in ½ Portion zubereiten (eignet sich nicht für die Zubereitung kleiner Mengen).
4 Personen: Erdbeerkompott in ⅔ der Menge, Syllabub in ½ Portion zubereiten.
8 und mehr Personen: Zutaten entsprechend der Gästezahl vervielfachen.

Der Arbeitsplan

Am Vorabend
– Frischkäsemousse zubereiten.
– Erdbeerkompott zubereiten.
– Sud für die Pouletbrüstchen zubereiten. Absieben, Vanilleschote wieder beifügen und den Sud zugedeckt kühl stellen.

4 Stunden vorher
– Cherrytomaten vorbereiten. Mit Klarsichtfolie bedeckt bei Zimmertemperatur aufbewahren.
– Zitronensaftmischung für den Syllabub zubereiten und kühl stellen.
– Rahm halb steif schlagen und kühl stellen.
– Pistazienkerne für den Reis hacken.

Vor dem Essen
– Den Backofen auf 80 Grad vorheizen und 2 Platten vorwärmen (eine für die Pouletbrüstchen, die andere für den Reis).
– Reis zubereiten und im Ofen trocknen lassen.
– Frischkäsemousse anrichten.
– Sud aufkochen und die Pouletbrüstchen gar ziehen lassen. Im Ofen nachgaren lassen.

Nach der Vorspeise
– Cherrytomaten in den Sud geben und das Gericht fertigstellen.
– Den Reis fertigstellen.

Nach dem Hauptgang
– Rahm mit Zitronensaftmischung aufschlagen.
– Dessert anrichten.

Sommerglück

Kalte Melonensuppe mit geräucherter Entenbrust

Schweinsfilet mit Basilikum-Feta-Füllung, Tomaten-Oliven-Salsa und Folienkartoffeln

Krokant-Glacekugeln mit Himbeersauce

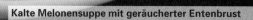

Kalte Melonensuppe mit geräucherter Entenbrust

Schweinsfilet mit Basilikum-Feta-Füllung, Tomaten-Oliven-Salsa und Folienkartoffeln

Krokant-Glacekugeln mit Himbeersauce

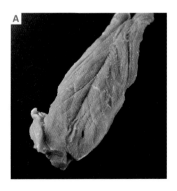

Kalte Melonensuppe mit geräucherter Entenbrust

Für 6 Personen

Attraktiv und ungewöhnlich kommt diese Som-
mersuppe daher: Orangefleischige Melonen
sind die Basis, ein Spiess mit Melonenbällchen und Entenbruststreifen die Beilage.
Beim Abschmecken sollten Sie sich bewusst
machen, dass es sich um eine pikante und
nicht um eine süsse Suppe handelt – also
mutig würzen mit Salz, schwarzem Pfeffer
sowie einer Prise Cayenne oder Tabasco!

2 orangefleischige Melonen
2 Esslöffel trockener Sherry oder Portwein
200 ml Hühnerbouillon
1 Esslöffel Zitronensaft
Salz, Pfeffer aus der Mühle
1 Prise Cayennepfeffer oder wenig Tabasco
200 g geräucherte Entenbrust, in dünne
Scheiben geschnitten

1 Die Melonen halbieren und entkernen.
Aus 1 Melone mit dem Kugelausstecher
Melonenbällchen ausstechen. Beiseitestellen.
2 Das restliche Melonenfleisch herausschneiden
und in eine Schüssel oder in ein Mixerglas
geben. Die beiden anderen Melonenhälften in
dicke Schnitze schneiden, diese von der Schale
schneiden, dann würfeln und ebenfalls in die
Schüssel oder in das Mixerglas geben. Sherry
oder Portwein, Bouillon und Zitronensaft beifügen
und alles fein pürieren; eventuell durch ein Sieb
streichen. Die Melonensuppe mit Salz, Pfeffer
und Cayennepfeffer oder Tabasco abschmecken.
Kalt stellen.
3 Auf 6 Holzspiesse abwechselnd ziehharmonika-
artig gefaltete Entenbrustscheiben und Melonenbällchen stecken.
4 Vor dem Servieren die Melonensuppe in tiefen
Tellern anrichten und mit je 1 Spiess garnieren.

Für weniger/mehr Gäste
3–4 Personen: Zutaten halbieren.
8–10 Personen: Rezept in 1½-facher Menge zubereiten.
12–14 Personen: Rezept in doppelter Menge zubereiten.

Schweinsfilet mit Basilikum-Feta-Füllung

Für 6 Personen

In diesem Rezept wird aus einem Schweinsfilet ein Riesenfleischvogel, dessen Innenleben
aus einer mediterranen Basilikum-Feta-
Füllung besteht. Die Fleischroulade kann
sowohl in der Pfanne wie auch auf dem Grill
gebraten werden. Auf die gleiche Weise lassen
sich auch ein Kalbsfilet oder Pouletbrüstchen zubereiten. Das Kalbsfilet wird wie das
Schweinsfilet gefüllt. In die Pouletbrüstchen
schneidet man eine tiefe Tasche zum Füllen
und verschliesst diese mit Zahnstochern.

2 Bund Basilikum
2 Esslöffel Olivenöl
Salz
200 g Feta
2 Schweinsfilets, je ca. 400 g
etwas Chiliflocken oder Paprikapulver
zum Bestreuen

Salsa:
50 g in Öl eingelegte Dörrtomaten
2 mittlere Zweigtomaten
50 g schwarze Oliven
½ Bund Basilikum
1 Esslöffel Balsamicoessig
4 Esslöffel Olivenöl
Salz, Pfeffer aus der Mühle
1 kleine Knoblauchzehe

1 Die Basilikumblätter fein hacken und sofort
mit dem Olivenöl sowie wenig Salz mischen.
Den Feta fein zerbröseln.
2 Die Filets der Länge nach etwa 1 cm tief
einschneiden. Entlang der Schnittlinie weiter-
schneiden, bis sie sich ganz aufklappen lassen
(→ Randtipp links Bild A). Unter Klarsichtfolie
flach klopfen, sodass ein grosses, möglichst
gleichmässiges Rechteck entsteht (→ Bild B).
3 Jedes Filet mit etwas Chiliflocken oder
Paprikapulver, mit der Hälfte des Basilikums und
der Hälfte des Feta bestreuen. Dann das Filet
satt aufrollen (→ Bild C). Die Filetrolle mit Küchenschnur binden (→ Bild D).

4 Für die Salsa die Dörrtomaten auf Küchenpapier trocken tupfen. Dann die Dörrtomaten klein würfeln oder grob hacken. Die frischen Tomaten waagrecht halbieren, entkernen und klein würfeln. Die Oliven entsteinen und hacken. Das Basilikum ebenfalls hacken. Alle diese Zutaten mit Balsamicoessig, Olivenöl, Salz und frisch gemahlenem Pfeffer in ein Schüsselchen geben. Den Knoblauch schälen und dazupressen. Sorgfältig mischen und wenn nötig nachwürzen.

5 Die Schweinsfilets können in der Pfanne gebraten oder auf dem Grill zubereitet werden:

– Pfanne: 4 Esslöffel Olivenöl gut erhitzen. Die Schweinsfilets mit Salz und Pfeffer würzen und bei mittlerer Hitze im heissen Öl je nach Dicke 12–14 Minuten braten; auf keinen Fall zu häufig wenden. Dann in doppelt gefaltete Alufolie wickeln und 10 Minuten ruhen lassen.

– Grill: Die Schweinsfilets mit Olivenöl bestreichen und leicht salzen. Auf dem Grillrost bei mittlerer Hitze unter regelmässigem Wenden 12–14 Minuten braten. Dann in doppelt gefaltete Alufolie wickeln und 10 Minuten ruhen lassen.

6 Zum Servieren die Schweinsfilets in Scheiben schneiden. Mit den Folienkartoffeln anrichten.

Für weniger/mehr Gäste
3–4 Personen: Rezept in ½ der Menge zubereiten, ein möglichst grosses Schweinsfilet verwenden.
8–10 Personen: 3 kleinere Schweinsfilets verwenden (ca. 350 g), Füllung in 1½-facher Menge zubereiten.
12–14 Personen: Rezept in doppelter Menge zubereiten.

Folienkartoffeln

Für 6 Personen

Für dieses Rezept werden nicht wie bei den sogenannten Baked Potatoes möglichst grosse Kartoffeln einzeln in Folie gewickelt und dann gebacken, sondern man macht umgekehrt ein grosses Folienpaket, in welchem kleine Kartoffeln mit viel Kräutern, Knoblauch und Butterflocken gegart werden. Auf einem Ofenblech haben 4 solche Pakete mit je etwa 600 g Kartoffeln Platz – eine Beilage, die sich also auch für eine grössere Gästerunde gut eignet.

Kartoffeln:
Extrastarke oder normale Alufolie
1–1,2 kg möglichst kleine Kartoffeln
4 Knoblauchzehen
2 Bund glattblättrige Petersilie
Salz
6 Rosmarinzweige
80 g Butter

Sauce:
2 Becher saurer Halbrahm oder rahmangereicherte Sauermilch (insgesamt 360 g)
2 Esslöffel Olivenöl
½–¾ Teelöffel edelsüsser Paprika
Salz, schwarzer Pfeffer aus der Mühle

1 Zwei Blatt extrastarke Alufolie in einer Länge von gut 60 cm abreissen; verwendet man normale Alufolie, legt man 2-mal je 2 Folienblätter dieser Länge aufeinander.

2 Die Kartoffeln kurz unter kaltem Wasser waschen; auf keinen Fall schälen!

3 Die Knoblauchzehen schälen und halbieren. Die Petersilie grob schneiden.

4 Die Kartoffeln in 2 Portionen teilen. Jeweils 1 Portion Kartoffeln auf eine Alufolienhälfte geben und salzen. Die Hälfte der Knoblauchzehen dazwischen verteilen. Die Hälfte der Petersilie, 3 Rosmarinzweige sowie die Hälfte der Butter in Flocken darüber verteilen. Die andere Folienhälfte über die Kartoffeln legen und die Ränder gut verschliessen. Auf die gleiche Weise ein weiteres Paket machen. Beide Pakete auf ein grosses Ofenbackblech legen.

5 Für die Sauce den sauren Halbrahm oder die Sauermilch mit Olivenöl und Paprika mischen und mit Salz sowie Pfeffer würzen. Bis zum Servieren kühl stellen.

6 Den Backofen auf 220 Grad vorheizen.

7 Die Kartoffeln im 220 Grad heissen Ofen auf der zweituntersten Rille einschieben und 45–50 Minuten backen.

8 Zum Servieren die Kartoffeln aus der Folie nehmen und anrichten. Vorsicht beim Öffnen der Pakete, es entweicht heisser Dampf! Die Sauce separat dazu servieren.

Für weniger/mehr Gäste
2–4 Personen: Rezept in ⅓–½ der Menge zubereiten, Gewicht der Kartoffeln der Gästezahl entsprechend anpassen (150–200 g pro Person).
8–10 Personen: Rezept in 1½-facher Menge zubereiten; Gewicht der Kartoffeln der Gästezahl entsprechend anpassen.
12–14 Personen: Rezept in doppelter Menge zubereiten.

B Das aufgeschnittene Filet unter Klarsichtfolie mit einem Wallholz oder einem Fleischklopfer sorgfältig flach klopfen, sodass ein grosses, gleichmässiges Rechteck entsteht.

C Das gefüllte Filet sorgfältig satt aufrollen, dabei die Enden leicht einschlagen, sodass die Füllung gut geschützt ist.

D Die Filetrolle mit Küchenschnur binden. Am einfachsten geht dies, wenn man jeweils ein etwa 15 cm langes Stück Küchenfaden um das Filet legt und möglichst satt bindet. Dies 5- bis 6-mal wiederholen. Wird das Fleisch grilliert, empfiehlt es sich, die Küchenschnur vor dem Binden etwa 1 Stunde in warmem Wasser einzulegen, damit sie über der Glut nicht verbrennt.

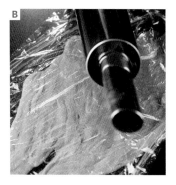

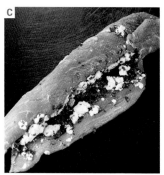

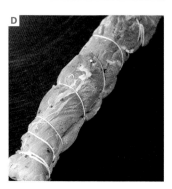

→ Krokant herstellen

A In einer kleinen Bratpfanne oder in einem mittleren Topf den Zucker bei mittlerer Hitze langsam zu hellbraunem Karamell schmelzen. Wichtig: Nicht zu heiss karamellisieren, sonst bräunt der Zucker unregelmässig. Den Karamell erst umrühren, wenn er vollständig geschmolzen ist, sonst gibt es Zuckerklumpen.

B Die Mandeln zum Karamell geben, alles gut mischen und sofort auf ein Backpapier schütten. Dabei spielt es keine Rolle, wenn die Mandeln stark zusammenklumpen. Abkühlen lassen.

C Den Krokant in einen Gefrierbeutel geben und mit dem Wallholz nach Wunsch gröber oder feiner zerbröseln. Der Krokant hält sich problemlos etwa 2 Wochen in einer gut verschlossenen Dose. Wird er offen aufbewahrt, zieht er Feuchtigkeit an und klumpt.

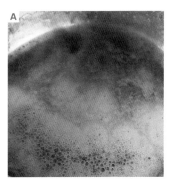

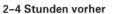

Krokant-Glacekugeln mit Himbeersauce

Für 6 Personen

Eine knusprige Mandel-Karamell-Hülle macht aus Fertig-Vanilleeis etwas Besonderes! Dazu passt nicht nur eine Fruchtsauce – im Rezept aus Himbeeren, aber es können auch andere Früchte sein! –, sondern auch ein Kompott wie zum Beispiel die in Folie gegarten Aprikosen mit Passionsfrüchten von Seite 114.

Glacekugeln:
12 Kugeln Vanilleglace (von fertig gekaufter Vanilleglace abgestochen)
80 g Zucker
120 g Mandelstifte oder -blättchen

Himbeersauce:
500 g frische oder tiefgekühlte Himbeeren
Saft von 1 Zitrone
5–6 Esslöffel Zucker

Der Arbeitsplan

8 Stunden vorher
– Melonensuppe zubereiten (bis Punkt 2). Melonenbällchen und Suppe getrennt, mit Klarsichtfolie bedeckt, kühl stellen.
– Schweinsfilet füllen.
– Tomaten-Oliven-Salsa zubereiten.
– Kartoffeln vorbereiten (bis Punkt 4).
– Sauce für Kartoffeln zubereiten.
– Krokant für Dessert zubereiten.
– Aus Vanilleglace Kugeln abstechen. Wieder in den Tiefkühler geben (noch ohne Krokanthülle!).

2–4 Stunden vorher
– Glacekugeln fertigstellen.
– Himbeersauce zubereiten.

1 Die Vanilleglacekugeln auf eine Platte setzen und in den Tiefkühler stellen.
2 In einer kleinen Bratpfanne oder in einem mittleren Topf den Zucker bei mittlerer Hitze langsam zu hellbraunem Karamell schmelzen (→ Randtipp Bild A). Die Mandeln beifügen, alles gut mischen und sofort auf ein Backpapier schütten (→ Bild B). Abkühlen lassen. Dann den Krokant in einen Gefrierbeutel geben und mit dem Wallholz gröber oder feiner zerbröseln (→ Bild C).
3 Den Mandelkrokant in einen Suppenteller geben. Die Vanilleglacekugeln darin wälzen, auf einen Teller geben und im Tiefkühler mindestens ½ Stunde kalt stellen.
4 Etwa 200 g der Himbeeren auf einen mit Küchenpapier belegten Teller setzen und kühl stellen. Die restlichen Himbeeren mit Zitronensaft und Zucker in einen hohen Becher geben und mit dem Stabmixer fein pürieren. Dann durch ein mittelfeines Sieb passieren, um die Kerne zu entfernen. Die Himbeersauce bis zum Servieren kühl stellen.
5 In die Mitte von 6 Desserttellern jeweils etwas Himbeersauce geben. Die Krokant-Glacekugeln daraufsetzen und mit den beiseitegelegten Himbeeren garnieren.

Für weniger/mehr Gäste
2 Personen: Rezept in ⅓ der Menge zubereiten.
4 Personen: Rezept in ⅔ der Menge zubereiten.
8 und mehr Personen: Zutaten entsprechend der Gästezahl vervielfachen.

45 Minuten vorher
– Backofen auf 220 Grad vorheizen.
– Schweinsfilet und Tomaten-Oliven-Salsa aus dem Kühlschrank nehmen.

30 Minuten vorher
– Kartoffeln in den Ofen geben.
– Melonenspiesse fertigstellen.
– Schweinsfilet braten.
– Suppe anrichten.

Nach dem Hauptgang
– Vanilleglacekugeln vor dem Servieren 10–15 Minuten in den Kühlschrank stellen.
– Dessert anrichten.

Mit links gekocht

Spinatsalat mit Speck

Überbackene Kalbsmedaillons an Schnittlauchsauce mit Bundkarotten und Petersilien-Zitronen-Butter

Schnelles Heidelbeersorbet

Spinatsalat mit Speck

Überbackene Kalbsmedaillons an Schnittlauchsauce mit Bundkarotten und Petersilien-Zitronen-Butter

Schnelles Heidelbeersorbet

Spinatsalat mit Speck

Für 4 Personen

Es sind Kleinigkeiten, die aus einem einfachen normalen Salat etwas Spezielles machen: Hier sind es kleine geröstete Knoblauchbrotwürfelchen, Speckstreifen, Käsespäne und nicht zuletzt ein originelles Käsedressing. Letzteres passt übrigens sehr gut zu vielen kräftigen Blattsalaten. Und so kann denn auch der Salatspinat durch Frisée, Endivie, Löwenzahn, Radicchio oder Nüsslisalat (Feldsalat) ersetzt werden.

150 g junger Spinat (Salatspinat)
2 Scheiben Toastbrot
1 Knoblauchzehe
1 Esslöffel Butter
8 Scheiben Bratspeck
40 g Parmesan oder Sbrinz am Stück

Sauce:

4 Esslöffel Weissweinessig
1 Teelöffel Senf
Salz, schwarzer Pfeffer aus der Mühle
6 Esslöffel Olivenöl
2 Esslöffel frisch geriebener Parmesan oder Sbrinz

1 Den Spinat gründlich waschen, dabei allfällige unschöne Blätter aussortieren. Den Spinat trocken schleudern oder gut abtropfen lassen und je nach Blattgrösse nach Belieben in Streifen schneiden.

2 Das Toastbrot in kleine Würfelchen schneiden. Die Knoblauchzehe halbieren und eine kleine Bratpfanne damit ausreiben. Die Butter hineingeben und schmelzen lassen. Die Brotwürfelchen beifügen und goldbraun braten. Auf Küchenpapier abtropfen lassen.

3 Den Speck in Streifen schneiden und in der Bratpfanne ohne Fettzugabe knusprig braten. Zu den Brotwürfelchen geben.

4 Den Parmesan oder Sbrinz mit einem Sparschäler oder auf einem Hobel in dünne Späne schneiden.

5 Für die Sauce Essig, Senf, Salz und Pfeffer verrühren. Dann das Öl und zuletzt den geriebenen Käse untermischen.

6 Unmittelbar vor dem Servieren den Spinatsalat mit der Sauce mischen und in tiefen Tellern anrichten. Brotwürfelchen und Speck darüber verteilen und alles mit den Käsespänen garnieren.

Für weniger/mehr Gäste

2 Personen: Rezept in ½ der Menge zubereiten.
6 und mehr Personen: Zutaten entsprechend der Gästezahl vervielfachen.

Überbackene Kalbsmedaillons an Schnittlauchsauce

Für 4 Personen

Filetmedaillons werden umwickelt mit würzigem Rohschinken und an einer zarten Schnittlauchsauce überbacken – ein festlicher, aber unkomplizierter Hauptgang, der sich sehr gut vorbereiten lässt, sodass man ihn nach der Vorspeise nur noch in den Ofen zu schieben braucht.

8 lange, schmale, dünn geschnittene Rohschinkenscheiben
schwarzer Pfeffer aus der Mühle
8 Kalbsfiletmedaillons, je ca. 2½ cm dick geschnitten
150 g Doppelrahm
50 ml Noilly Prat
40 g frisch geriebener Sbrinz oder Parmesan
⅓ Teelöffel edelsüsser Paprika, Salz
1 grosses Bund Schnittlauch

1 Die Rohschinkenscheiben der Länge nach je nach Grösse 1- bis 2-mal falten (→ Randtipp rechts Bild A).

2 Jedes Kalbsmedaillon mit Pfeffer aus der Mühle würzen. Dann mit je 1 Rohschinkenstreifen umwickeln und diesen mit Küchenschnur festbinden (→ Bild B). Die Medaillons in eine Gratinform setzen.

3 In einer kleinen Schüssel Doppelrahm, Noilly Prat, Käse und Paprika mischen und mit Salz sowie Pfeffer würzen. Den Schnittlauch mit einer Schere dazuschneiden.

4 Den Backofen auf 220 Grad vorheizen.

5 Die Kalbsfiletmedaillons im 220 Grad heissen Ofen auf der mittleren Rille 5 Minuten backen.

6 Nun die Schnittlauchsauce auf den Medaillons verteilen. Alles weitere 10 Minuten überbacken. Dann sofort servieren.

Als Beilage passen Bundkarotten sowie nach Belieben dünne, eventuell grüne Nudeln oder Trockenreis.

Für weniger/mehr Gäste
2 Personen: Rezept in ½ der Menge zubereiten.
6 und mehr Gäste: Zutaten entsprechend der Gästezahl vervielfachen.

Bundkarotten mit Petersilien-Zitronen-Butter

Für 4 Personen

Lassen Sie an den Bundkarotten etwas Grün stehen, das sieht nicht nur dekorativ aus, sondern schmeckt auch gut. Einen Teil der grünen Blättchen verwende ich übrigens auch als Gewürz zum Fertigstellen der Karotten. Was ebenfalls ausgezeichnet schmeckt: Für das Rezept halb Bundkarotten, halb weisse Spargeln verwenden.

2 Bund Bundkarotten mit Grün (ca. 750 g)
1 gehäufter Teelöffel Zucker
1 Esslöffel Butter
200 ml Gemüsebouillon
1 Bund glattblättrige Petersilie
1 Zitrone
40 g Butter
Salz, schwarzer Pfeffer aus der Mühle

1 Das schöne Kraut von ½ Bund Karotten zur Seite legen. Das restliche Kraut der Bundkarotten bis auf etwa 1 cm am Stielansatz abschneiden. Die Karotten unter fliessendem Wasser bürsten. Sind die Karotten schon etwas dicker, eventuell der Länge nach halbieren oder vierteln.

2 In einem eher weiten Topf den Zucker bei mittlerer Hitze zu goldbraunem Karamell schmelzen. Die erste Portion Butter (1 Esslöffel) beifügen und aufschäumen lassen. Dann die Bundkarotten dazugeben und kurz in der Karamellbutter wenden. Die Bouillon dazugiessen. Die Bundkarotten zugedeckt aufkochen, dann auf kleinem Feuer je nach Grösse 5–7 Minuten nur gerade bissfest garen. Zugedeckt beiseitestellen.

3 Das beiseitegelegte Karottengrün sowie die Petersilie hacken. Die Schale der Zitrone dünn abreiben. Etwa 2 Teelöffel Saft auspressen und mit der Zitronenschale mischen.

4 Kurz vor dem Servieren die Karotten nochmals kräftig aufkochen, sodass sie wieder gut heiss sind. Mit einer Schaumkelle herausheben, gut abtropfen lassen und auf einer vorgewärmten Platte anrichten. Mit Alufolie bedecken. 50 ml des Suds abmessen, den restlichen Sud abschütten.

5 Nun im Topf die zweite Portion Butter (40 g) schmelzen. Das Karottengrün und die Petersilie beifügen, alles gut mischen, dann die Zitronenschalenmischung sowie den beiseitegestellten Sud beifügen und wenn nötig mit Salz sowie Pfeffer abschmecken. Die Petersilien-Zitronen-Mischung sofort über die angerichteten Bundkarotten verteilen.

Für weniger/mehr Gäste
2 Personen: Rezept in ½ der Menge zubereiten, zum Garen der Karotten jedoch 150 ml Bouillon verwenden.
6 und mehr Personen: Zutaten entsprechend der Gästezahl vervielfachen.

→ Kalbsmedaillons vorbereiten
Anstelle von Kalbsfilet eignen sich auch Medaillons vom Schweinsfilet oder Pouletbrüstchen, die man je nach Grösse in 3–5 Stücke schneidet. Die Zubereitungszeit bleibt sich gleich.

A Welchen Rohschinken man für das Gericht verwendet, hängt von der persönlichen Vorliebe ab. Die Rohschinkenscheiben der Länge nach je nach Grösse 1- bis 2-mal falten.

B Jedes Medaillon mit je 1 Schinkenstreifen umwickeln und diesen mit Küchenschnur fixieren. So weit kann das Fleisch bereits am Vortag vorbereitet werden. In Klarsichtfolie gewickelt oder in einem Vakuumbeutel kühl stellen.

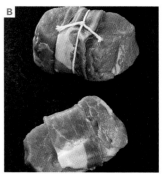

Schnelles Heidelbeersorbet

Für 4 Personen

Viel Küchenarbeit ist hier nicht gefordert, denn das Heidelbeersorbet ist blitzschnell zubereitet. Dieses Dessert wird am besten erst kurz vor dem Servieren hergestellt, da das Sorbet dann die perfekte Konsistenz besitzt. Auf die gleiche Weise kann man auch ein Sorbet mit tiefgekühlten Himbeeren machen. Bei beiden Beerensorten kann die benötigte Zuckermenge übrigens variieren, je nachdem, ob die Beeren mit oder ohne Zucker eingefroren wurden.

700 g tiefgekühlte Heidelbeeren
2 Esslöffel Zitronensaft
50 g Puderzucker
80 g Joghurt nature
80 g Crème fraîche

1 8 Esslöffel Heidelbeeren auf einen Teller geben und bei Zimmertemperatur beiseitestellen. Die restlichen Heidelbeeren in eine Schüssel geben und ebenfalls bei Zimmertemperatur 10 Minuten antauen lassen.

2 4 Dessertgläser im Tiefkühler (notfalls Kühlschrank) vorkühlen.

3 Die Heidelbeeren aus der Schüssel in einen grossen hohen Becher oder in den Cutter umfüllen. Zitronensaft sowie Puderzucker beifügen und alles mit dem Stabmixer oder im Cutter pürieren. Dann den Joghurt und die Crème fraîche dazugeben und mit dem Stabmixer zügig unterarbeiten.

4 Die Sorbetmasse sofort in die vorgekühlten Gläser füllen, mit den beiseitegestellten Heidelbeeren garnieren und servieren. Wer das Dessert besonders dekorativ anrichten möchte, stellt das Sorbet nochmals 20–30 Minuten in den Tiefkühler, füllt es anschliessend in einen Spritzsack mit gezackter Tülle und dressiert es in Gläser oder Dessertschalen.

Für weniger/mehr Gäste
2 Personen: Rezept in ½ der Menge zubereiten.
6 und mehr Personen: Zutaten entsprechend der Gästezahl vervielfachen.

Der Arbeitsplan

4–6 Stunden vorher
– Spinat für Salat waschen.
– Salatdressing zubereiten.
– Kalbsmedaillons vorbereiten (bis Punkt 3).
– Bundkarotten zubereiten (bis Punkt 3).

Vor dem Essen
– Backofen auf 220 Grad vorheizen.
– Spinatsalat fertigstellen.

Nach der Vorspeise
– Kalbsmedaillons im Ofen zubereiten.
– Bundkarotten fertigstellen.

Nach dem Hauptgang
– Heidelbeersorbet zubereiten. Nach Belieben nochmals in den Tiefkühler geben (siehe auch Punkt 4).

Einfach gut

Gefüllte Champignons mit Sauermilchsauce

Schweinsspiesschen mit Salbei
auf Tomatenpolenta

Orangensalat mit rotem
Pfeffer

Gefüllte Champignons mit Sauermilchsauce

Schweinsspiesschen mit Salbei auf Tomatenpolenta

Orangensalat mit rotem Pfeffer

Gefüllte Champignons mit Sauermilchsauce

Für 4 Personen

Schön sieht es auch aus, wenn man die mit einer Tomaten-Pilz-Masse gefüllten Champignons auf einem kleinen Salatbett anrichtet. Die Pilze können gut 3–4 Stunden im Voraus vorbereitet werden, sollten jedoch nie im Kühlschrank aufbewahrt werden, sonst verlieren sie ihr feines Aroma.

16–20 möglichst grosse Champignons
4 Esslöffel Olivenöl
1 Esslöffel Zitronensaft
50 ml Weisswein
Salz, schwarzer Pfeffer aus der Mühle

Füllung:
50 g in Öl eingelegte Dörrtomaten, abgetropft
50 g grüne Oliven
100 g Champignons
1 mittlere Zwiebel
1 Knoblauchzehe
½ Bund glattblättrige Petersilie
2 Esslöffel Öl von den Dörrtomaten oder Olivenöl
2 mittlere Zweigtomaten
Salz, Pfeffer aus der Mühle

Sauce:
1 Becher nordische Sauermilch (z. B. Fjord, Viking, M-Dessert)
Salz, Pfeffer aus der Mühle
½ Bund glattblättrige Petersilie

1 Die Stiele der Champignons herausdrehen. In einer beschichteten Bratpfanne das Öl erhitzen und die Pilze darin auf mittlerer Hitze von jeder Seite kurz braten. Zitronensaft und Weisswein dazugiessen, die Pilze salzen und pfeffern und weitere 2 Minuten dünsten. Die Pilze herausheben, gut abtropfen lassen und mit der Höhlung nach unten auf ein mit einer doppelten Lage Küchenpapier belegtes Kuchengitter geben.

2 Für die Füllung die Dörrtomaten und die grünen Oliven klein würfeln. Die Champignons rüsten und ebenfalls würfeln. Zwiebel und Knoblauch schälen und fein hacken. Die Petersilie ebenfalls hacken. Alle diese Zutaten im Tomaten- oder Olivenöl kurz andünsten. In eine Schüssel geben.

3 Die Zweigtomaten waagrecht halbieren, entkernen, klein würfeln und mit Salz sowie Pfeffer würzen. Mit der Champignon-Gewürz-Masse mischen und diese bergartig in die Champignonhüte füllen.

4 Für die Sauce die Sauermilch mit Salz und Pfeffer würzen. Die Petersilie fein hacken und untermischen. Die Sauce separat zu den Champignons servieren.

Für weniger/mehr Gäste
2 Personen: Rezept in ½ der Menge zubereiten, zum Dünsten der Champignons jedoch 1 Esslöffel Zitronensaft und 50 ml Weisswein verwenden.
6 Personen: Rezept in 1 ½-facher Menge zubereiten, zum Dünsten der Champignons jedoch nur 1 Esslöffel Zitronensaft und 50 ml Weisswein verwenden.
8 Personen: Rezept in doppelter Menge zubereiten, zum Dünsten der Champignons jedoch nur 1 Esslöffel Zitronensaft und 50 ml Weisswein verwenden.

Champignons
Die Zuchtpilze gibt es als weisse und braune Sorte. Letztere sind etwas intensiver im Aroma. Oft werden sie auch nach Grösse sortiert verkauft, wie zum Beispiel Riesen-Champignons zum Füllen. Nach dem Einkaufen können Champignons noch einige Tage im Kühlschrank gelagert werden, am besten in einem Papiersack oder in der Kartonschachtel, in der man sie gekauft hat, nie aber luftdicht abgeschlossen in einem Folienbeutel. Durch Druck und Reibung können die Pilzen braune Flecken bekommen; diese müssen aber nicht weggeschnitten werden, denn sie beeinflussen weder Haltbarkeit noch Aroma. Auch sollte man Champignons nie schälen; in der Pfanne verfärben sie sich sowieso bräunlich grau. Werden die Pilze für ein Gericht in Scheiben geschnitten, geht dies am schnellsten und gleichmässigsten mit dem Eierschneider. Champignons können übrigens ohne Bedenken aufgewärmt werden.

Schweinsspiesschen mit Salbei auf Tomatenpolenta

Für 4 Personen

Schweinsbratwurst und Fleischwürfel werden abwechselnd mit Salbeiblättern auf Spiesse gesteckt, gebraten und an einer kleinen Rahmsauce mit Frühlingszwiebeln und Speck auf einer cremigen Polenta serviert. Auf die gleiche Weise kann man auch Kalbfleisch- oder Pouletspiesse zubereiten; eventuell in diesem Fall die Bratwurst weglassen und etwas mehr Fleisch berechnen.

Fleischspiesse:

300 g Schweinsbratwurst
500 g Schweinefleisch zum Kurzbraten
(z. B. Huft, Nierstück, Filet)
etwas edelsüsses Paprikapulver
Salz, schwarzer Pfeffer aus der Mühle
24 Salbeiblätter
8 Scheiben Bratspeck
2 Frühlingszwiebeln
1 Bund glattblättrige Petersilie
4 Esslöffel Olivenöl
150 ml Weisswein
100 ml Rahm

Tomatenpolenta:

600 ml Gemüsebouillon
1 Esslöffel Butter
150 g Maisgriess
400 g gehackte Pelati-Tomaten aus der Dose
50 ml Rahm
40 g frisch geriebener Parmesan
Salz, schwarzer Pfeffer aus der Mühle

1 Die Wurst in 12 Stücke teilen und das Fleisch in ähnlich grosse Würfel schneiden (→Rand-tipp Bild A). Das Fleisch mit Paprika, Salz und Pfeffer würzen.
2 Abwechselnd Fleischwürfel, Salbeiblätter und Wurststücke auf 4 Spiesse stecken (→Bild B).
3 Den Bratspeck in feine Streifchen schneiden. Die Frühlingszwiebeln rüsten und mitsamt schönem Grün hacken. Die Petersilienblätter ebenfalls hacken.

4 Für die Polenta Bouillon und Butter in einem mittleren Topf aufkochen. Unter Rühren langsam den Maisgriess einrieseln lassen und aufkochen. Dann die Tomaten beifügen, die Hitze auf die kleinste Stufe reduzieren und die Polenta zugedeckt etwa 20 Minuten ausquellen lassen; gelegentlich umrühren.
5 Gleichzeitig für die Spiesse in einer Bratpfanne oder in einem Schmortopf das Olivenöl erhitzen. Den Speck darin beidseitig leicht braun braten.
6 Die Spiesse dazulegen und beidseitig kräftig je 1 Minute anbraten. Die Frühlingszwiebeln kurz mitbraten. Den Weisswein dazugiessen, auf-kochen, dann die Spiesse halb zugedeckt auf kleinem Feuer 10 Minuten gar ziehen lassen. Dabei ist wichtig, dass die Pfanne nicht ganz ver-schlossen wird, damit Dampf entweichen kann. Nun die Spiesse wenden und Rahm sowie Petersilie beifügen; nicht aufkochen, sondern auf kleiner Hitzestufe lassen, sonst wird das Fleisch trocken und zäh. Die Spiesse weitere 10–12 Minuten gar ziehen lassen, dabei noch einmal wenden.
7 Kurz vor dem Servieren Rahm und Parmesan unter die Tomatenpolenta rühren. Mit Salz und Pfeffer abschmecken.
8 Die Spiesse aus der Sauce nehmen und mit etwas Polenta auf vorgewärmten Tellern anrichten. Die Sauce in der Pfanne noch einmal sprudelnd aufkochen und wenn nötig mit Salz und Pfeffer nachwürzen. Über die Spiesse träufeln und sofort servieren.

Für weniger/mehr Gäste
2 Personen: Rezept in ½ der Menge zubereiten.
6 Personen: Rezept in 1½-facher Menge zubereiten, jedoch für die Sauce nur je 150 ml Weisswein und Rahm verwenden.
8 Personen: Rezept in doppelter Menge zubereiten, jedoch für die Sauce nur je 200 ml Weisswein und Rahm verwenden.

→ Schweinsspiesschen

A Die Bratwurst in Stücke teilen, das Fleisch in ähnlich grosse Würfel schneiden. Wichtig: Beides nicht zu klein schneiden, damit es nicht zu schnell durchgart.

B Abwechselnd Fleischwürfel, Salbeiblatt, Wurststück, Salbeiblatt usw. auf 4 Spiesse stecken.

Orangensalat mit rotem Pfeffer

Für 4 Personen

Roter Pfeffer ist weit weniger scharf als die anderen Pfeffersorten. Er hat ein süsslich-pfeffriges Aroma und eine weiche Konsistenz. Deshalb darf man ihn auch grosszügig dosieren, wie zum Beispiel in diesem Fruchtsalat, dem er eine raffinierte Note verleiht. Anstelle von grünen Pistazien kann man das Dessert auch mit gerösteten Mandelblättchen oder Pinienkernen garnieren.

6 Orangen
2 Teelöffel eingelegte rote Pfefferkörner

Jus:
1 Orange
150 ml Rotwein
150 ml roter Portwein
100 g Zucker
2 Esslöffel Johannisbeergelee

Zum Servieren:
100 ml Rahm
2 Esslöffel Johannisbeergelee
1 Esslöffel grüne Pistazienkerne

Zestenmesser oder Zestenreisser
Um feine Schalenstreifchen von Zitrusfrüchten zu erhalten, ist ein Zestenmesser das ideale Schneidewerkzeug. Es besitzt 5 scharfkantige Löcher, die in einer abgewinkelten Klinge sitzen und mit denen die Schale in hauchdünnen Streifchen abgezogen wird. Durch den stumpfen Winkel schneidet man nur in die äussere Schale, nicht aber in die bittere weisse Haut. Mit einem Zestenmesser abgelöst, braucht man in der Regel die doppelte Menge Zitrusschale, denn man arbeitet verschwenderischer, als wenn man die Schale mit einem Sparschäler ablöst und in feine Streifchen schneidet.

1 Für die Sauce die Schale von ⅓ Orange mit einem Sparschäler dünn ablösen und in feinste Streifchen schneiden; beiseitestellen. Von den Orangen oben und unten einen Deckel wegschneiden. Die Orangen auf die Arbeitsfläche stellen und die Schale mitsamt weisser Haut von oben nach unten rundum abschneiden. Anschliessend die Früchte quer in dünne Scheiben schneiden.

2 Die Pfefferkörner in ein kleines Sieb geben und kurz unter heissem Wasser abspülen. Mit einem Messer grob hacken.

3 Die Orangenscheiben und die gehackten Pfefferkörner lagenweise in 4 tiefen Tellern oder in weiten Dessertschalen anrichten.

4 Die beiseitegestellten Orangenschalenstreifchen mit Rotwein, Portwein, Zucker und Johannisbeergelee in einen kleinen Topf geben und auf mittlerem Feuer leicht sirupartig einkochen. Etwas abkühlen lassen, dann über die angerichteten Orangen verteilen. Bis zum Servieren, mit Klarsichtfolie bedeckt, kühl stellen.

5 Den Rahm steif schlagen. Das Gelee beifügen und kräftig unterrühren. Ebenfalls kühl stellen.

6 Die Pistazien nach Wunsch gröber oder feiner hacken.

7 Zum Servieren den Rahm über den Orangensalat geben. Mit gehackten Pistazien bestreuen.

Für weniger/mehr Gäste
2 Personen: Rezept in ½ der Menge zubereiten.
6 Personen: Rezept in 1½-facher Menge zubereiten, jedoch nur je 200 ml Rotwein und Portwein sowie 125 g Zucker verwenden.
8 Personen: Rezept in doppelter Menge zubereiten, jedoch nur je ¼ l Rotwein und Portwein sowie 150 g Zucker verwenden.

Der Arbeitsplan

Am Vorabend
– Orangen marinieren (bis Punkt 4).

4 Stunden vorher
– Champignons zubereiten. Pilze mit Klarsichtfolie bedeckt bei Zimmertemperatur aufbewahren, Sauermilchsauce kühl stellen.
– Schweinsspiesschen vorbereiten (bis Punkt 3).
– Rahm für Dessert fertigstellen und kühl stellen. Pistazien hacken.

Vor dem Essen
– Polenta zubereiten und auf der ausgeschalteten Herdplatte (Induktion: Stufe 1) warm halten.
– Schweinsspiesschen anbraten und 10 Minuten mit dem Weisswein garen.
– Champignons anrichten.
– Bevor man zu Tisch geht, den Rahm zu den Spiesschen giessen und diese während der Vorspeise auf kleinster Hitze fertig gar ziehen lassen.

Nach dem Hauptgang
– Den Orangensalat anrichten.

Schnell und unkompliziert

Gebratene Austernpilze auf Friséesalat

Senf-Pouletbrüstchen mit Grappa-Zwiebeln

Eisige Pavlova

Gebratene Austernpilze auf Friséesalat

Senf-Pouletbrüstchen mit Grappa-Zwiebeln

Eisige Pavlova

Gebratene Austernpilze auf Friséesalat

Für 6 Personen

Eine Speck-Vinaigrette begleitet diesen attraktiven Salat mit gebratenen Pilzen und Käsespänen. Sie passt übrigens auch sehr gut zu anderen Blattsalaten, und natürlich können die Austernpilze auch durch andere Pilze ersetzt werden. Wenn Sie über einen zweiten Backofen verfügen, können Sie die Pilze auch im Ofen zubereiten: Kurz vor dem Servieren den Backofengrill auf 230 Grad vorheizen. Ein Backblech mit Backpapier belegen und dieses mit der Hälfte des Olivenöls bestreichen. Die Pilze mit der Lamellenseite nach oben darauflegen und mit dem restlichen Olivenöl bestreichen. Auf der zweitobersten Rille einschieben und die Pilze unter dem 230 Grad heissen Grill 4–5 Minuten grillieren, dabei einmal wenden.

Sauce:
80 g magerer Bratspeck
1 grosse Schalotte
1 Knoblauchzehe
6 Esslöffel Olivenöl
100 ml Gemüsebouillon
3 Esslöffel Balsamicoessig
1 Bund glattblättrige Petersilie
Salz, schwarzer Pfeffer aus der Mühle

Salat:
1 mittlerer Friséesalat
500 g Austernpilze
60 g Parmesan oder Sbrinz am Stück
4 Esslöffel Olivenöl
Salz, Pfeffer aus der Mühle

1 Den Bratspeck in Streifchen und diese in kleine Vierecke schneiden. Schalotte und Knoblauch schälen und sehr fein hacken.
2 In einer kleinen Bratpfanne 1 Esslöffel Olivenöl erhitzen. Den Bratspeck darin knusprig braten. Schalotte und Knoblauch beifügen und kurz mitrösten. Bouillon und Balsamicoessig dazugiessen, dann die Pfanne vom Feuer ziehen und leicht abkühlen lassen.

3 Inzwischen die Petersilie fein hacken. Mit dem restlichen Olivenöl unter die Specksauce rühren und diese mit Salz sowie Pfeffer abschmecken.
4 Den Friséesalat rüsten, waschen und in mundgerechte Stücke zupfen. Die Pilze rüsten. Alles zugedeckt bereitstellen.
5 Unmittelbar vor dem Servieren in einer beschichteten Bratpfanne das Olivenöl rauchheiss erhitzen. Die vorbereiteten Austernpilze auf jeder Seite 1 ½ Minuten kräftig braten, dabei beim Wenden die Pilze auf der gebratenen Seite mit Salz und Pfeffer würzen. Vom Feuer nehmen.
6 Während die Pilze braten, den Käse mit einem Sparschäler oder auf einem Hobel in dünne Späne schneiden.
7 Den Salat mit ⅔ der Sauce mischen und in tiefen Tellern anrichten. Die gebratenen Pilze darauf verteilen und die restliche Sauce darüberträufeln. Die Käsespäne über den Salat verteilen.

Für weniger/mehr Gäste
2 Personen: Rezept in ⅓ der Menge zubereiten.
4 Personen: Rezept in ⅔ der Menge zubereiten.
8 und mehr Personen: Zutaten entsprechend der Gästezahl vervielfachen.

Senf-Pouletbrüstchen

Für 6 Personen

Rohschinken, Senf und Salbei sind die Würzzutaten für diese unkomplizierten im Ofen gebratenen Pouletbrüstchen. Die Mischung von Butter und Olivenöl zum Braten ist übrigens nicht von ungefähr: Das Olivenöl schützt die Butter vor dem Verbrennen. Im Sommer kann man die Pouletbrüstchen auch auf dem Grill zubereiten. In diesem Fall passt ein saftiger Kartoffel- oder Pastasalat gut dazu.

6 mittlere Pouletbrüstchen
6 Esslöffel grobkörniger Senf
6 grosse, dünn geschnittene Scheiben Parmaschinken oder anderer Rohschinken
6 Salbeiblätter
2 Esslöffel Olivenöl

Zum Braten:
1 Esslöffel Butter
2 Esslöffel Olivenöl

Austernpilze

Der Austernseitling, kurz auch Austernpilz genannt, ist einer der neueren Zuchtpilze. Er hat einen muschelförmigen, elfenbeinfarbigen Hut, der einen Durchmesser von bis zu 20 cm erreichen kann. Austernseitlinge haben saftiges Fleisch, das auch nach dem Braten oder Dünsten fest bleibt und würzig nach Waldpilzen schmeckt. Sie sind auch bekömmlich wie kaum ein anderer Pilz, da ihr Eiweiss besonders leicht verdaulich ist. Ein weisslicher Belag auf der Oberseite der Pilze hat keine Bedeutung. Dabei handelt es sich nämlich um Pilzmyzel, das sich nach der Ernte gebildet hat. Man reibt es einfach mit Küchenpapier sorgfältig weg. Die Stielenden der Austernpilze müssen abgeschnit-ten werden, da sie beim Garen zäh bleiben. Waschen muss man die Pilze nicht, höchstens mit Küchenpapier abreiben, denn sie würden sich sonst mit Wasser vollsaugen, was das Aroma beeinträchtigt.

1 Die Pouletbrüstchen beidseitig mit je 1 Esslöffel Senf bestreichen, dann in 1 Scheibe Rohschinken wickeln und darauf mit einem Zahnstocher je 1 Salbeiblatt fixieren. Die Oberseite der eingewickelten Pouletbrüstchen mit dem Olivenöl bestreichen.

2 Etwa 25 Minuten vor dem Essen Butter und Olivenöl in eine feuerfeste Form geben und in der Mitte im auf 200 Grad vorgeheizten Ofen 5 Minuten erhitzen. Die Pouletbrüstchen in die Form legen und bei 200 Grad 10 Minuten braten. Dann den Backofen ausschalten und die Ofentüre für 1½ Minuten öffnen. Anschliessend die Türe wieder schliessen und die Pouletbrüstchen 10–12 Minuten nachgaren lassen.

3 Zum Servieren die Pouletbrüstchen in breite Scheiben schneiden und mit den Grappa-Zwiebeln anrichten.

Wenn es weniger/ mehr Gäste sind

2 Personen: Rezept in ⅓ Menge zubereiten, jedoch zum Braten ½ Esslöffel Butter und 1 Esslöffel Olivenöl verwenden.

4 Personen: Rezept in ⅔ Menge zubereiten, jedoch zum Braten die rezeptierte Menge Butter und Olivenöl verwenden.

8 und mehr Personen: Zutaten entsprechend der Gästezahl vervielfachen, doch zum Braten nicht mehr als 2 Esslöffel Butter und 3–4 Esslöffel Olivenöl verwenden.

Grappa-Zwiebeln

Für 6 Personen

Die Grappa-Zwiebeln lassen sich gut vorbereiten und brauchen vor dem Essen nur noch neben den Pouletbrüstchen überbacken zu werden. Wem diese Beilage dennoch zu aufwendig ist, serviert zu den Pouletbrüstchen ein saftiges Gemüse wie zum Beispiel Spinat mit Champignons an einer leichten Rahmsauce oder die Bundkarotten mit Petersilien-Zitronen-Butter (Rezept Seite 137).

6 gut mittelgrosse Zwiebeln
1 l Gemüsebouillon
1 Lorbeerblatt
2 Nelken
50 g weiche Butter
100 g frisch geriebener Parmesan
2 Eier
Salz, Pfeffer aus der Mühle
50 ml Grappa

1 Die Zwiebeln sorgfältig schälen, dabei darauf achten, dass Stiel- und Wurzelansatz möglichst intakt bleiben, damit die Zwiebeln später nicht auseinanderfallen. Die Zwiebeln in eine Pfanne geben und mit Gemüsebouillon knapp bedecken (→Randtipp Bild A). Lorbeer und Nelke dazugeben. Aufkochen, dann zugedeckt auf kleinem Feuer 15 Minuten garen. Die Zwiebeln sorgfältig herausheben, gut abtropfen und leicht abkühlen lassen.

2 Die Zwiebeln quer halbieren. Aus jeder Hälfte sorgfältig mit einem Löffel etwa ⅔ des Zwiebelfleisches herauslösen (→Bild B). Die ausgehöhlten Zwiebelhälften in eine mit Olivenöl gefettete Gratinform setzen.

3 Das ausgelöste Zwiebelfleisch fein hacken.

4 In einer Schüssel die weiche Butter und den Parmesan verrühren. Dann die Eier und zuletzt das Zwiebelfleisch unterrühren. Die Masse pikant mit Salz, Pfeffer und 1 Esslöffel Grappa würzen. Bergartig in die Zwiebelhälften füllen (→Bild C). Bis zum Backen kühl stellen.

5 Vor dem Backen die Zwiebeln mit dem restlichen Grappa beträufeln. Im auf 200 Grad vorgeheizten Ofen in der Mitte 15–20 Minuten überbacken. Heiss oder lauwarm servieren.

Für weniger/mehr Gäste

2–4 Personen: Rezept in ½ der Menge zubereiten, jedoch zum Garen der Zwiebeln 1 l Bouillon verwenden. Reste können am nächsten oder übernächsten Tag problemlos aufgewärmt werden.

8 und mehr Personen: Zutaten entsprechend der Gästezahl vervielfachen, die Anzahl Eier jeweils aufrunden. Zum Garen der Zwiebeln je nach Menge 1–1½ l Bouillon verwenden.

→ **Zwiebeln füllen**

A Die Zwiebeln sorgfältig schälen, dabei darauf achten, dass Stiel- und Wurzelansatz möglichst intakt bleiben, damit die Zwiebeln später nicht auseinanderfallen. Die Zwiebeln in eine Pfanne geben und mit Gemüsebouillon knapp bedecken.

B Die gegarten und leicht abgekühlten Zwiebeln mit einem scharfen Messer quer halbieren. Aus jeder Hälfte sorgfältig mit einem Löffel etwa ⅔ des Zwiebelfleisches herauslösen. Die Zwiebelhälften in eine Gratinform setzen. Das ausgelöste Zwiebelfleisch wird anschliessend fein gehackt.

C Das Zwiebelfleisch mit einer Mischung von weicher Butter, geriebenem Parmesan, Eiern und ganz wenig Grappa verrühren. Die Masse bergartig in die Zwiebelhälften füllen.

Eisige Pavlova

Für 6 Personen

Dieses Dessert, das einst ein australischer Koch zu Ehren der russischen Tänzerin Anna Pavlova kreiert hat, ist heute so etwas wie das Nationaldessert Australiens und Neuseelands. In der Originalform werden spezielle Meringues mit einer grossen Vertiefung in ihrer Mitte mit Rahm oder Glace sowie einer Fruchtsauce gefüllt. In meiner «eisigen» Variation wird der geschlagene Rahm mit grob zerkleinerten Meringues gemischt und in Tortenform gefroren. Wenn es besonders schnell gehen soll, kann man die Rahmmasse auch in Dessertgläser füllen und etwa 1 Stunden tiefkühlen – auf diese Weise erhält man ein feines Halbgefrorenes. Anstelle der Himbeersauce eignen sich auch andere Fruchtsaucen oder ein Kompott als Begleiter.

½ l Rahm
1 Teelöffel Vanillepaste oder herausgeschabte Samen von 1 Vanilleschote
50 g feiner Zucker
4 Riesen-Meringues

Himbeersauce:
400 g tiefgekühlte Himbeeren
Saft von ½ Zitrone
3–4 Esslöffel Zucker

1 Den Rahm in eine grosse Schüssel geben und 10 Minuten in den Tiefkühler stellen.
2 Den Boden und den Rand einer Springform von 22–24 cm Durchmesser mit Backpapier auskleiden.
3 Die Vanillepaste oder die Vanillesamen zum Rahm geben. Den Rahm steif schlagen. Dann den Zucker sorgfältig untermischen.
4 Die Meringues mit den Händen mittelgrob zerkleinern und unter den Vanillerahm ziehen. Die Masse in die vorbereitete Form füllen und mindestens 2 Stunden gefrieren lassen.
5 Einige schöne Beeren auf Küchenpapier setzen und im Kühlschrank auftauen lassen. Die restlichen Beeren nur antauen lassen.
6 Himbeeren, Zitronensaft und Zucker in einen hohen Becher geben und mit dem Stabmixer fein pürieren. Die Masse durch ein Sieb streichen, um die Kerne zu entfernen. Bis zum Servieren kühl stellen.
7 Wenn die Eistorte mehr als 6 Stunden im Tiefkühler war, herausnehmen und zuerst 20–30 Minuten im Kühlschrank etwas weicher werden lassen. Die Eistorte in Stücke schneiden, auf Tellern anrichten und mit etwas Himbeersauce übergiessen. Mit den beiseitegelegten Himbeeren garnieren.

Für weniger/mehr Gäste
2–4 Personen: Rezept in ½ der Menge zubereiten. Nach Belieben eventuell in Portionenformen tiefkühlen. Reste (gut verpackt, damit sie keine Fremdgerüche annehmen) halten sich problemlos bis zu 2 Wochen im Tiefkühler.
8 und mehr Personen: Zutaten entsprechend der Gästezahl vervielfachen. Portionen eher grosszügig berechnen, das Dessert isst sich fast von allein!

Der Arbeitsplan

Am Vortag
– Eis-Pavola zubereiten (ohne Himbeersauce).
– Grappa-Zwiebeln vorbereiten.

4 Stunden vorher
– Speck-Vinaigrette zubereiten.
– Salat und Pilze vorbereiten.
– Senf-Pouletbrüstchen vorbereiten (Punkt 1).
– Himbeersauce zubereiten.

Vor dem Essen
– Ofen auf 200 Grad vorheizen.

– Grappa-Zwiebeln backen. Form für Senf-Pouletbrüstchen mit Butter und Öl daneben 5 Minuten erhitzen. Anschliessend Pouletbrüstchen hineingeben und ebenfalls backen.
– Die Pilze braten und den Käse schneiden. Salat fertigstellen.
– Ofentüre kurz öffnen und Pouletbrüstchen sowie Grappa-Zwiebeln nachgaren lassen.

Nach dem Hauptgang
– Wenn die Eistorte mehr als 6 Stunden im Tiefkühler war, herausnehmen und zuerst 20–30 Minuten im Kühlschrank etwas weicher werden lassen.

Ein elegantes Diner

Rauchlachs-Gurken-Tatar

Kalbsnuss mit Rosmarin und Earl-Grey-Jus,
dazu kleine Wildreis-Röstiküchlein

Erdbeer-Tiramisù

Rauchlachs-Gurken-Tatar

Kalbsnuss mit Rosmarin und Earl-Grey-Jus, dezu kleine Wildreis-Röstiküchlein

Erdbeer-Tiramisù

Rauchlachs-Gurken-Tatar

Für 4 Personen

Eine leichte Senfsauce verleiht diesem Tatar Würze und Bindung zugleich. Sie eignet sich übrigens auch als Begleitung zu ganz normalen Rauchlachsscheiben, Schinken oder hart gekochten Eiern. Wer Gurken nicht mag, kann sie durch Stangensellerie oder Zucchetti ersetzen.

Senfsauce:
1 Esslöffel Weissweinessig
1 Esslöffel Dijonsenf
½ Teelöffel Zucker
Salz, Pfeffer aus der Mühle
2 Esslöffel Raps- oder ein anderes Öl
50 ml Rahm
2–3 Zweige frischer Dill

Rauchlachstatar:
1 Stück Salatgurke, etwa 6 cm lang
Salz
200 g Rauchlachs, auch sogenannter Brötlilachs
1 kleine Zwiebel
1 Bund Schnittlauch
schwarzer Pfeffer aus der Mühle
2–3 Zweige Dill zum Garnieren

1 Für die Senfsauce Essig, Senf, Zucker, Salz und Pfeffer verrühren, dann das Öl untermischen. Den Rahm nur cremig, nicht steif schlagen (bei der Zugabe der Senfsauce wird er noch fester und könnte allenfalls gerinnen!) und unterziehen. Den Dill fein hacken und beifügen. Die Sauce wenn nötig nochmals abschmecken.

2 Für das Tatar die Gurke schälen, entkernen und in allerkleinste Würfelchen schneiden. In ein Sieb geben, leicht salzen und 20 Minuten Wasser ziehen lassen. Dann kurz kalt abspülen und auf Küchenpapier trocken tupfen.

3 Den Rauchlachs in kleinste Würfelchen schneiden. Die Zwiebel schälen und sehr fein hacken. Den Schnittlauch in Röllchen schneiden. Lachs, Zwiebel, Schnittlauch, Gurkenwürfelchen sowie 3–4 Esslöffel Senfsauce sorgfältig mischen und mit schwarzem Pfeffer abschmecken.

4 Zum Servieren das Tatar auf Tellern anrichten und eine Vertiefung eindrücken. Je 1 Esslöffel Senfsauce hineingeben und das Tatar mit einem Dillzweiglein garnieren.

Für weniger/mehr Gäste
2 Personen: Zutaten halbieren, jedoch die Senfsauce in der rezeptierten Menge zubereiten; sie hält sich im Kühlschrank problemlos 3–4 Tage.
6 und mehr Personen: Zutaten entsprechend der Gästezahl vervielfachen.

Kalbsnuss mit Rosmarin und Earl-Grey-Jus

Für 4–6 Personen

Die berühmte britische Teemischung mit ihrem ausgeprägten Geschmack nach Bergamottöl ergibt in diesem Rezept eine raffinierte Sauce. Selbstverständlich kann man auch andere Schwarzteesorten als Basis verwenden; die Sauce erhält dadurch jedoch einen anderen Charakter. Die Sauce passt übrigens auch gut zu Pouletbrüstchen, die aber eine wesentlich kürzere Garzeit haben als die grosse Kalbsnuss: Man brät sie je nach Dicke insgesamt 3–4 Minuten an und lässt sie anschliessend 1–1¼ Stunden bei 80 Grad nachgaren, dann 5 Minuten in aufsteigender Hitze fertig garen.

1 runde Kalbsnuss (600–700 g)
Salz, Pfeffer aus der Mühle
1 Bund Rosmarin
½ Limette
2 Esslöffel Bratbutter
200 ml frisch aufgebrühter, sehr kräftiger Earl-Grey-Tee
je 1 Prise Muskat, Kardamom und Zucker
80 g Butter

1 Die Kalbsnuss mit Salz und Pfeffer würzen. Die Rosmarinzweige rundherum auf das Fleisch legen und mit Küchenschnur binden (→ Randtipp).

2 Die Limettenschale dünn abreiben und den Saft auspressen. Den Ofen auf 80 Grad vorheizen und eine Platte mitwärmen.

3 In einer Bratpfanne die Bratbutter kräftig erhitzen. Das Fleisch rundum und an den Enden insgesamt 5–6 Minuten anbraten. Auf die vorgewärmte Platte geben und im 80 Grad warmen Ofen 2½ Stunden nachgaren lassen.

4 Den Bratensatz mit dem Tee ablöschen und durch ein Sieb in eine kleine Pfanne giessen. Knapp 1 Esslöffel Limettensaft und die abgeriebene Schale beifügen. Auf grossem Feuer gut zur Hälfte einkochen lassen. Beiseitestellen.

5 Nach 2½ Stunden Garzeit die Ofentemperatur auf 230 Grad stellen und den Braten 8 Minuten in aufsteigender Hitze (vom Umschalten an gerechnet) Temperatur annehmen lassen.

6 Gleichzeitig die Sauce nochmals aufkochen. Mit Muskat, Kardamom, Zucker, Salz und Pfeffer würzen. Die Butter in Flocken beifügen und unter Schwenken der Pfanne in die Sauce einziehen lassen. Am Schluss die Sauce wenn nötig nochmals nachwürzen und eventuell mit einigen Tropfen Limettensaft abschmecken.

7 Vor dem Servieren von der Kalbsnuss Küchenschnur und Rosmarinzweige entfernen. Den Braten in dünne Scheiben schneiden, auf vorgewärmten Tellern anrichten und mit dem Earl-Grey-Jus umgiessen.

Für weniger/mehr Gäste

Weniger Gäste: Die Kalbsnuss kann nicht in kleinerer Portion zubereitet werden. Entweder Kalbsmedaillons à la minute braten und bei 80 Grad warm stellen, bis die Sauce fertiggestellt ist, oder für das Gericht Pouletbrüstchen verwenden (siehe auch Einleitungstext).
Mehr Gäste: Eine Kalbsnuss reicht je nach Grösse und Appetit für bis zu 6 Personen. Für eine grössere Gästerunde ab 7 und mehr Personen wählt man anstelle der Kalbsnuss eventuell ein Kalbsnierstück: Anbraten in der Mitte des Ofens bei 230 Grad 8 Minuten, dann Temperatur auf 80 Grad reduzieren, Ofentüre etwa 8 Minuten offen lassen, damit die Temperatur rasch absinkt. Nachgaren: 1½–1¾ Stunden. Fertiggaren: 6–7 Minuten in aufsteigender Hitze.

Kleine Wildreis-Röstiküchlein

Für 4 Personen

100 g Langkorn-Wildreis-Mischung
1 kleinere Zwiebel
1 Teelöffel Butter
1 Ei
1 Esslöffel Mehl
Salz, Pfeffer aus der Mühle
1–1½ Esslöffel Bratbutter

1 Reichlich Salzwasser aufkochen. Die Reismischung hineingeben und knapp weich garen (etwa 12 Minuten). Abschütten, kurz kalt abschrecken, dann sehr gut abtropfen lassen.

2 Während der Reis gart, die Zwiebel schälen und sehr fein hacken. In einem kleinen Topf in der warmen Butter hellgelb dünsten. Etwas abkühlen lassen.

3 Ei und Mehl in eine Schüssel geben und zu einer glatten Masse verrühren. Den gut abgetropften Reis und die gedünstete Zwiebel beifügen, alles gut mischen und mit Salz sowie Pfeffer würzen. Zugedeckt mindestens 15 Minuten ruhen lassen.

4 Kurz vor dem Servieren in einer beschichteten Bratpfanne die Bratbutter erhitzen. Jeweils 1 Esslöffel Reismasse in die Pfanne geben und zu kleinen Küchlein formen (→ Randtipp). Auf mittlerem Feuer beidseitig insgesamt etwa 5 Minuten braten. Die Wildreis-Rösti auf Küchenpapier abtropfen lassen und bis zum Servieren warm halten.

Für weniger/mehr Gäste

2 Personen: Rezept in ½ der Menge zubereiten.
6 und mehr Personen: Zutaten entsprechend der Gästezahl vervielfachen.

→ **Würziger Braten**
Die Kalbsnuss, aber auch andere Fleischstücke erhalten einen feinen Kräuterduft, wenn man sie roh mit Kräuterzweigen umhüllt – zum Beispiel mit Rosmarin – und diese mit Küchenschnur fixiert. So entfalten die Kräuter beim Anbraten und Nachgaren ihr würziges Aroma und geben dieses an das Fleisch weiter.

→ **Reis-Rösti**
Im Gegensatz zur Kartoffelrösti, die durch die Verwendung einer mehlig-kochenden Kartoffelsorte eine natürliche Bindung erhält, braucht es bei diesen kleinen Reisküchlein etwas Ei und Mehl, damit sie beim Braten nicht auseinanderfallen. Aber aufgepasst: Nicht zu viel Ei beifügen, denn der Reis hat die Eigenschaft, die Flüssigkeit aus dem Ei zu absorbieren; dadurch wird er bei längerem Stehenlassen noch weicher. Aus diesem Grund den Reis auch nur knapp bissfest garen.

Erdbeer-Tiramisù

Für 4 Personen

Diese fruchtige Abwandlung des italienischen Dessert-Klassikers ist schnell und unkompliziert in der Zubereitung und zudem auch leichter als das Original. Anstelle von Erdbeeren habe ich es im Sommer auch schon mit Pfirsichen oder Himbeeren, im Winter mit Orangen oder Mango zubereitet. Sind Kinder am Tisch oder mag man den Kaffeegeschmack nicht, kann man die Löffelbiskuits auch mit einem leichten Fruchtsirup tränken.

250 g Erdbeeren
1 Esslöffel Puderzucker

Creme:
150 ml Halbrahm
3 Esslöffel Puderzucker
250 g Mascarpone
1 Teelöffel Vanillepaste oder
½ Teelöffel Vanillepulver

Zum Fertigstellen:
150 ml frisch zubereiteter Espresso
nach Belieben 2 Esslöffel Marsala
6 Löffelbiskuits

Löffelbiskuits
Man nennt sie auch Katzenzungen, dies wegen der zierlichen Längsform mit dem löffelähnlichen Abschluss. Frisch gebacken und mit Puderzucker bestäubt, zerläuft das zarte Eiweiss-Schaumgebäck buchstäblich auf der Zunge und wird deshalb gerne auch als Teegebäck serviert. In Kombination mit Glace oder Cremen ergeben Löffelbiskuits attraktive Dessertkreationen wie Charlotte russe, Götterspeise oder Tiramisù. Anstelle von Löffelbiskuits, die sich gut mit aromatisierten Flüssigkeiten tränken lassen, kann man für das Tiramisù auch Biskuit- oder Kuchenreste verwenden.

1 Die Erdbeeren waschen und 4 kleinere Beeren für die Garnitur beiseitelegen. Die restlichen Beeren rüsten und in Scheiben schneiden. Mit dem Puderzucker in eine Schüssel geben und mit einer Gabel grob zerdrücken. Sind die Beeren sehr fest in der Konsistenz, eventuell mit dem Stabmixer grob zerhacken.

2 Für die Creme den Halbrahm mit dem Puderzucker halb steif schlagen. Dann sorgfältig Mascarpone und Vanillepaste oder Vanillepulver unterrühren.

3 Den Espresso nach Belieben mit Marsala parfümieren. Die Löffelbiskuits in den Kaffee tunken und auf dem Boden von 4 Dessertgläsern verteilen. Die Hälfte der Mascarponecreme darübergeben. Die Erdbeeren darauf verteilen und mit der restlichen Creme abschliessen. Mindestens ½ Stunde kühl stellen.

4 Vor dem Servieren das Erdbeer-Tiramisù mit je 1 Erdbeere garnieren.

Für weniger/mehr Gäste
2–3 Personen: Rezept in ½ der Menge zubereiten, jedoch je nach Gästezahl 150–200 g Erdbeeren verwenden.
6 und mehr Personen: Zutaten entsprechend der Gästezahl vervielfachen.

Der Arbeitsplan

4 Stunden vorher
– Rauchlachs-Gurken-Tatar zubereiten.
– Erdbeer-Tiramisù zubereiten.
– Kalbsnuss mit Rosmarinzweigen binden.
– Wildreis-Rösti-Masse zubereiten.

2 Stunden vorher
– Backofen auf 80 Grad vorheizen.
– Kalbsnuss anbraten und nachgaren lassen.
– Sauce zubereiten (bis Punkt 4).

Vor dem Essen
– Rauchlachs-Gurken-Tatar anrichten.

Nach dem Hauptgang
– Wildreis-Rösti braten.
– Kalbsnuss in der aufsteigenden Hitze fertig garen.
– Sauce fertigstellen.

Ein Abend wie im Bistro

Avocadomousse

Lammrack mit Oliven-Kräuter-Kruste und Püree von weissen Bohnen

Kleine Cappuccino-Eistörtchen

Avocadomousse

Lammrack mit Oliven-Kräuter-Kruste und Püree von weissen Bohnen

Kleine Cappuccino-Eistörtchen

Lammrack

Das Rückenfilet vom Lamm mit Knochen, aber ohne Kamm wird Rack genannt. Erkundigen Sie sich bei Ihrem Metzger, ob Sie es vorbestellen müssen. Ein Lammrack reicht in der Regel für 2 Personen. Ein guter Ersatz für Racks sind ausgelöste Lammrückenfilets, die überall problemlos erhältlich sind; unbedingt beachten, dass diese eine kürzere Garzeit haben (siehe Tipp unten), da ihnen der Knochenteil fehlt.

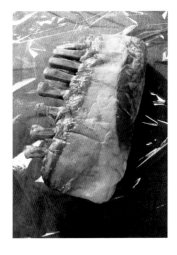

→ Welche Fleischstücke sich auch eignen

– Lammrückenfilets: Auf der ersten Seite 1 Minute, auf der zweiten Seite nur noch 30 Sekunden sehr kräftig anbraten. Nachgarzeit: 1–1¼ Stunden. Fertiggaren: 5 Minuten.
– Schweinsfilet: Je nach Dicke rundum 3–4 Minuten anbraten. Nachgarzeit: etwa 1½ Stunden. Fertiggaren: 6 Minuten.
– Pouletbrüstchen: Auf der ersten Seite 2 Minuten, auf der zweiten Seite je nach Dicke noch 1–2 Minuten anbraten. Nachgarzeit: 1–1¼ Stunden. Fertiggaren: 6 Minuten.

Avocadomousse

Für 6 Personen

Mit dieser Vorspeise habe ich als Gastgeberin nicht nur wenig Küchenarbeit, sondern bei meinen Gästen immer wieder besonderen Erfolg. Anstelle von Taco- oder Tortilla-Chips serviere ich gerne auch Toast, geröstetes Knoblauchbrot oder einfach frisches Baguettebrot dazu.

3 mittlere Zweigtomaten
Salz
2 Frühlingszwiebeln
1 Bund glattblättrige Petersilie
3 reife Avocados
2 Esslöffel Zitronensaft
6 Esslöffel Crème fraîche
6 Esslöffel Joghurt nature
1 Prise Cayennepfeffer oder
4–5 Tropfen Tabasco
schwarzer Pfeffer aus der Mühle
1 kleines Paket Taco- oder Tortilla-Chips

1 Die Tomaten waschen, waagrecht halbieren und mit einem Löffel die Kerne herauskratzen. Die Tomaten in möglichst kleine Würfelchen schneiden, dabei den Stielansatz entfernen. Mit etwas Salz bestreuen.
2 Die Frühlingszwiebeln rüsten und mitsamt schönem Grün fein hacken. Die Petersilienblätter von den Zweigen zupfen und ebenfalls hacken.
3 Die Avocados längs halbieren, den Stein entfernen und das Avocadofleisch mit einem Löffel aus der Schale lösen. In eine Schüssel geben und sofort mit dem Zitronensaft beträufeln. Dann mit einer Gabel gut zerdrücken.
4 Crème fraîche, Joghurt, Frühlingszwiebeln und Petersilie beifügen, alles gut mischen und die Masse mit Salz, Cayennepfeffer oder Tabasco sowie frisch gemahlenem Pfeffer kräftig würzen. Zuletzt die Tomatenwürfelchen sorgfältig unterziehen.

5 Die Avocadomousse entweder in 6 kleine Schalen anrichten und mit einigen Taco-Chips garnieren. Oder einen runden Ausstecher in die Mitte der Teller setzen und die Mousse bergartig hineinfüllen, dann das Förmchen entfernen. Ebenfalls mit Taco-Chips garnieren. Weitere Chips separat dazu servieren.

Für weniger/mehr Gäste
2 Personen: Rezept in ⅓ der Menge zubereiten.
3–4 Personen: Rezept in ⅔ der Menge zubereiten.
6 und mehr Personen: Zutaten entsprechend der Gästezahl vervielfachen.

Lammrack mit Oliven-Kräuter-Kruste

Für 6–7 Personen

Ich mag Lammrack eigentlich fast lieber als das beliebte Lammrückenfilet, denn sein Fleisch erhält durch die Reifung am Knochen einen feinen Geschmack. Und noch ein Grund spricht in der Gästeküche für das Rack: Hat man beim Timing des Essens Verspätung, lassen sich Lammracks problemlos bei 60 Grad warm halten. Anschliessend lässt man sie durch das Fertiggaren in aufsteigender Hitze wieder Serviertemperatur annehmen. Diese Art des Niedertemperaturgarens eignet sich auch für andere Fleischstücke. Einige Beispiele finden Sie im Tipp nebenan.

130 g Toastbrot
1 Bund glattblättrige Petersilie
4 Zweige Oregano
4 Zweige Thymian
1 kleiner Zweig Rosmarin
1 Knoblauchzehe
80 g grüne oder schwarze Oliven
80 g weiche Butter
1 Teelöffel Senf
Salz, schwarzer Pfeffer aus der Mühle

Fleisch:
3 Lammracks
Salz, Pfeffer aus der Mühle
4 Esslöffel Olivenöl

1 Das Toastbrot dünn entrinden, dann klein würfeln. Petersilien-, Oregano- und Thymianblättchen sowie Rosmarinnadeln von den Stielen zupfen und fein hacken. Die Knoblauchzehe schälen und hacken. Toastbrot, Kräuter und Knoblauch in einen hohen Becher geben und mit dem Stabmixer oder im Cutter so lange mixen, bis die Masse schön grün wird (→ Randtipp Bild A).

2 Die Oliven entsteinen und mittelgrob hacken.

3 In einer Schüssel die weiche Butter und den Senf gründlich durchrühren. Dann die Toastbrotmasse und die Oliven beifügen, alles mit Salz und Pfeffer würzen und sehr gut mischen. Auf 3 Blatt Klarsichtfolie jeweils in der Länge und Breite des Lammracks einen Streifen der Buttermischung ausstreichen (→ Bild B). Kühl stellen.

4 Den Backofen auf 100 Grad vorheizen und eine Platte mitwärmen.

5 Die Lammracks beidseitig mit Salz und Pfeffer würzen. In einer Bratpfanne das Olivenöl rauchheiss erhitzen. Die Lammracks darin insgesamt 4 Minuten anbraten; sie müssen innen noch roh sein. Die Lammracks auf die vorgewärmte Platte in den vorgeheizten Ofen geben, die Temperatur auf 80 Grad reduzieren und das Fleisch bei 80 Grad 1½–1¾ Stunden nachgaren lassen.

6 Unmittelbar vor dem Servieren die Ofentemperatur auf 230 Grad Grillstufe einstellen. Die Lammracks herausnehmen, die Krustenstreifen darauflegen. Das Fleisch sofort in der Mitte des Ofens einschieben und 7–8 Minuten überbacken. In Scheiben schneiden und auf vorgewärmten Tellern anrichten.

Für weniger/mehr Gäste
2 Personen: Rezept in ½ der Menge zubereiten.
4 Personen: Rezept in ⅔ der Menge zubereiten.
8 und mehr Personen: Zutaten entsprechend der Gästezahl vervielfachen.

Püree von weissen Bohnen

Für 6–7 Personen als Beilage

Weisse Bohnen kennt man bei uns vor allem als Salat oder als Beilage – meist in Tomatensauce – zu mediterranen Fleischgerichten. Mindestens ebensogut schmecken sie in Püreeform und machen jedem Kartoffelstock Konkurrenz. Lassen Sie sich überraschen!

250 g getrocknete weisse Bohnen
1 Zweig Rosmarin
6 Zweige Thymian
1 kleine Zwiebel
2 Knoblauchzehen
50 ml Olivenöl
200 ml Gemüsebouillon
Salz, Pfeffer aus der Mühle
etwas frisch geriebene Muskatnuss
1 Esslöffel Zitronensaft

1 Die Bohnen in einen mittleren Topf geben und mit reichlich kaltem Wasser bedecken. Rosmarin- und Thymianzweige dazulegen, alles aufkochen, dann die Bohnen zugedeckt je nach Qualität und Alter 1–1½ Stunden sehr weich garen.

2 Inzwischen Zwiebel und Knoblauchzehen schälen und sehr fein hacken. In einem kleinen Topf im heissen Olivenöl weich dünsten. Dann die Bouillon dazugeben und alles 3–4 Minuten kochen lassen.

3 Die Bohnen abschütten, die Kräuterzweige entfernen und die Bohnen in den Topf zurückgeben. Die heisse Zwiebel-Bouillon-Mischung beifügen. Alles mit dem Stabmixer pürieren. Dann nochmals kurz erhitzen und mit Salz, Pfeffer, Muskatnuss, Zitronensaft sowie eventuell etwas Olivenöl abschmecken.

Für weniger/mehr Gäste
2 Personen: Die rezeptierte Menge zubereiten und den Rest des Pürees tiefkühlen.
4 Personen: Das Rezept in ½ der Menge zubereiten, jedoch 150 g Bohnen sowie 150 ml Bouillon zum Fertigstellen verwenden.
8 und mehr Personen: Zutaten entsprechend der Gästezahl vervielfachen.

→ Würzige Kruste
Eine Mischung von frischem Paniermehl aus Toastbrot, Butter und Kräutern und/oder anderen würzigen Zutaten eignet sich hervorragend zum Überbacken, ohne dass die Kruste dabei zerläuft. Und so stellt man sie her:

A Alle klein geschnittenen Zutaten im Cutter oder in einem hohen Becher mit dem Stabmixer so lange mixen, bis die Masse sehr fein ist und anfängt zusammenzuklumpen.

B Auf Klarsichtfolie die Krustenmasse jeweils in der Länge und Breite des verwendeten Fleischstücks ausstreichen, in die Folie verpacken und bis zur Verwendung kühl stellen oder tiefkühlen. Vor dem Überbacken muss man die Kruste nur noch auf das Fleisch legen.

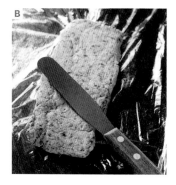

Kleine Cappuccino-Eistörtchen

Ergibt 12 Stück

Dieses zartschmelzende, im Aroma sehr dezente und feine Kaffeeparfait serviere ich in kleinen Papierförmchen, wie man sie für Muffins verwendet. Eine andere attraktive Serviermöglichkeit: Die Kaffeecreme in Tassen füllen, gefrieren und vor dem Servieren ein Rahmhäubchen daraufsetzen, das man mit Schokoladenpulver bestreut – wie bei einem echten Cappuccino eben! Sobald die Eistörtchen gefroren sind, in Alufolie oder in eine grosse Frischhaltebox verpacken, damit sie im Tiefkühler keine Fremdaromen annehmen. Und noch ein Tipp: 12 Stück dieser Eistörtchen mag nach viel tönen. Aber meistens kommt eine Gästerunde von 6–8 Personen spielend damit zurecht!

50 ml doppelter Espresso, frisch zubereitet (z. B. aus 2 Kapseln)
2–3 Meringues, je nach Grösse
24 Papier-Muffinförmchen (ca. 5 cm Durchmesser)
2 Eier
75 g Zucker
1 Teelöffel Vanillepaste oder herausgeschabte Samen von 1 Vanilleschote
300 ml Rahm

→ **Eisige Törtchen**
Anstatt mit Kaffee kann man diese hübschen kleinen Eistörtchen auch mit anderen Parfaitmassen zubereiten. Das Vorgehen bleibt sich immer gleich:

A Je 2 Papierförmchen ineinander setzen. Durch die Verwendung einer doppelten Lage Papierförmchen wird verhindert, dass das Papier zu schnell durchweicht und beim Gefrieren am Rand der Form festklebt. Die Papierförmchen in die Mulden eines Muffinblechs, in kleine Tassen oder andere Formen setzen; diese verleihen ihnen beim Füllen Stabilität. Die Meringuebrösel darin verteilen.

B Eier, Zucker, Vanille sowie den kalten Espresso mit dem Handrührgerät oder in der Küchenmaschine mindestens 8 Minuten zu einer dicklichen Creme aufschlagen. Verkürzen Sie diese Zeit auf keinen Fall, denn je steifer die Masse ist, desto zarter und cremiger bleibt die Kaffeecreme beim Gefrieren. Die Eimasse nie mit warmem Kaffee aufschlagen, denn dieser würde das Schaumigwerden der Masse verhindern! Deshalb stelle ich den Kaffee vorher genügend lange ins Tiefkühlfach.

Zum Fertigstellen:
150 ml Rahm
etwas Kakaopulver zum Bestäuben

1 Den Espresso nach der Zubereitung 20–30 Minuten im Tiefkühler kalt stellen. Die Meringues mittelfein zerbröseln.
2 Je 2 Papierförmchen ineinander setzen und in die Mulden eines Muffinblechs geben. Die Meringuebrösel darin verteilen (→ Randtipp Bild A).
3 Eier, Zucker, Vanillepaste oder die herausgeschabten Vanillesamen sowie den kalten Espresso mit dem Handrührgerät oder in der Küchenmaschine mindestens 8 Minuten zu einer dicklichen Creme aufschlagen (→ Bild B).
4 Den Rahm steif schlagen und unter die Espressocreme ziehen. Diese in die vorbereiteten Papierförmchen füllen. Mindestens 3 Stunden gefrieren lassen.
5 Vor dem Servieren die Cappuccinotörtchen bei Zimmertemperatur 5–10 Minuten antauen lassen. In dieser Zeit den Rahm steif schlagen.
6 Die Cappuccinotörtchen mit je einer kleinen Rahmhaube garnieren und mit etwas Kakaopulver bestäuben. Sofort servieren.

Für weniger/mehr Gäste
Weniger Gäste: Die Parfaitmasse kann nicht in kleinerer Menge als mit der Hälfte der rezeptierten Zutaten zubereitet werden. Gut verpackt kann man die Eistörtchen jedoch etwa 1 Monat im Tiefkühler aufbewahren. Vor dem Servieren unbedingt antauen lassen, in diesem Fall jedoch im Kühlschrank und nicht bei Zimmertemperatur, sonst bleiben sie innen steinhart, während die äusserste Schicht bereits zerläuft.
Mehr Gäste: Zutaten entsprechend der Gästezahl vervielfachen.

Der Arbeitsplan

Am Vortag
– Die Cappuccino-Eistörtchen zubereiten.
– Die Kräuter-Oliven-Kruste zubereiten (bis Punkt 2).

6 Stunden vorher
– Bohnen zubereiten. Im Kochwasser aufbewahren. Bouillon-Zwiebel-Mischung zubereiten und im Topf kühl stellen.
– Avocadomousse zubereiten.

1½ Stunden vorher
– Den Backofen auf 100 Grad vorheizen.
– Lammracks anbraten und nachgaren lassen.

Vor dem Essen
– Avocadomousse anrichten.

Nach der Vorspeise
– Bohnen im Kochwasser nochmals 5 Minuten kochen lassen.
– Bouillon-Zwiebel-Mischung ebenfalls aufkochen.
– Die Kräuterkruste auf die Lammracks legen und die Ofentemperatur auf 230 Grad Grillstufe einstellen. Die Racks überbacken.
– Das Bohnenpüree mixen.

Nach dem Hauptgang
– Rahm steif schlagen.
– Cappuccinotörtchen garnieren.

Originell traditionell

**Sauerkraut-Cremesüppchen
mit Mostbröckli**

**Kräuter-Schweinsfilet mit Meerrettichbutter
und Bouillongemüse**

Marroni-Cassata

Sauerkraut-Cremesüppchen mit Mostbröckli

Kräuter-Schweinsfilet mit Meerrettichbutter und Bouillongemüse

Marroni-Cassata

Sauerkraut-Cremesüppchen mit Mostbröckli

Für 6–8 Personen

Ob man für diese Suppe gekochtes oder rohes Sauerkraut verwendet, spielt eigentlich keine so grosse Rolle, es beeinflusst nur die Kochzeit, die bei rohem Kraut mindestens 1 Stunde dauert. Viel wichtiger ist es, das Sauerkraut vor der Zubereitung gründlich kalt abzuspülen, um die Säure zu reduzieren und den feinen Geschmack hervorzuheben. Anstelle von Mostbröckli, einer typischen Trockenfleischspezialität aus der Ostschweiz, kann man auch Bündnerfleisch, Bresaola, Rohschinken oder Räucherlachs verwenden.

150 g gekochtes Sauerkraut
1 mittlere Zwiebel
1 grosse mehligkochende Kartoffel
1 gehäufter Esslöffel Butter
800 ml Gemüsebouillon
60 g Mostbröckli, in dünne Scheiben geschnitten
200 ml Rahm
1 Bund Schnittlauch
100 ml Noilly Prat
Salz, schwarzer Pfeffer aus der Mühle
edelsüsser Paprika

1 Das Sauerkraut unter fliessendem kaltem Wasser gründlich spülen. Gut abtropfen lassen, dann klein schneiden. Die Zwiebel schälen und fein hacken. Die Kartoffel schälen und würfeln.
2 In einem mittleren Topf die Butter erhitzen. Die Zwiebel darin glasig dünsten. Sauerkraut und Kartoffel beifügen, dann die Gemüsebouillon dazugiessen. Die Suppe zugedeckt auf kleinem Feuer etwa 25 Minuten kochen lassen.
3 Inzwischen die Mostbröcklischeiben in Streifen und diese in kleine Vierecke schneiden. Den Rahm steif schlagen. Den Schnittlauch in Röllchen schneiden und mit Klarsichtfolie bedecken. Alle diese Zutaten bis zum Fertigstellen der Suppe kühl stellen.

4 Am Ende der Kochzeit den Noilly Prat zur Suppe geben und diese noch 5 Minuten kochen lassen. Dann mit dem Stabmixer so fein wie möglich pürieren.
5 Vor dem Servieren die Suppe nochmals aufkochen. Die Hälfte des Rahms unterrühren und die Suppe mit Salz und Pfeffer abschmecken.
6 Die Sauerkrautsuppe in tiefe Teller oder Tassen anrichten. Je 1 Klacks Schlagrahm daraufsetzen, dann mit Mostbröckli, Schnittlauch und etwas Paprika bestreuen. Die Suppe sofort servieren.

Für weniger/mehr Gäste
2 Personen: Rezept in ⅓ der Menge zubereiten.
4 Personen: Rezept in ⅔ der Menge zubereiten.
10 und mehr Personen: Zutaten entsprechend der Gästezahl vervielfachen.

Schweinsnetz
Das Schweinsnetz ist ein feines, netzartiges Fettgewebe aus dem Bauchfell des Schweins. In der Küche wird es zum Zusammenhalten von Gerichten wie zum Beispiel Hackbraten oder Adrio verwendet, um die Masse zu Beginn des Garens vor dem Auseinanderfallen zu bewahren. Im Laufe der Zubereitung löst sich das Netz durch die Brathitze zu einem guten Teil auf. Schweinsnetz sollte man beim Metzger unbedingt vorbestellen. Es ist empfehlenswert, das Schweinsnetz vor der Verwendung etwa ½ Stunde in kaltem Wasser einzuweichen, dabei 2- bis 3-mal das Wasser wechseln. Wenn es eilt, das Netz ersatzweise 2–3 Minuten gründlich unter fliessendem kaltem Wasser spülen. Anschliessend das Netz auf die gewünschte Grösse zuschneiden; eine Schicht Schweinsnetz um das Fleisch genügt vollauf. Eine zu dicke Hülle Schweinsnetz löst sich beim Braten kaum auf und stört später beim Essen.

Kräuter-Schweinsfilet mit Meerrettichbutter und Bouillongemüse

Für 6–8 Personen

Wird in einem Rezept ein Schweinsnetz verwendet, scheuen viele Köchinnen und Köche vor der Zubereitung des Gerichts zurück. Das Netz sieht zwar zugegebenermassen nicht gerade attraktiv aus, ist aber eine gute Hilfe bei der schonenden Zubereitung von Fleisch und hat geschmacklich überhaupt keinen Einfluss. Springen Sie also über Ihren Schatten und wählen Sie für Ihre nächste Gästerunde dieses originelle und feine Schweinsfilet – der Applaus für ein gelungenes Gericht wird Ihnen gewiss sein!

Meerrettichbutter:

125 g weiche Butter
Salz, schwarzer Pfeffer aus der Mühle
2 Esslöffel Meerrettichpaste aus dem Glas
einige Tropfen Zitronensaft
1 Bund Schnittlauch

Fleisch:

2 grosse Bund Petersilie
½ Bund Majoran
1 Schweinsnetz (evtl. beim Metzger vorbestellen)
2 grosse Schweinsfilets, je etwa 450–500 g
Salz, Pfeffer aus der Mühle
2 Esslöffel Dijonsenf
2–3 Esslöffel Olivenöl

Bouillongemüse:

800 g Kartoffeln
500 g Karotten
3 Zwiebeln
3 mittlere Stangen Lauch
1 l Gemüsebouillon
etwas frisch gemahlene Muskatnuss

1 Für die Meerrettichbutter die Butter durchrühren, bis sich Spitzchen bilden. Mit Salz und Pfeffer würzen. Die Meerrettichpaste und den Zitronensaft beifügen. Den Schnittlauch in feinen Röllchen dazuschneiden und unterrühren. Die Buttermischung auf Alufolie zu einer Rolle formen. Dazu das eine Ende der Folie über die Meerrettichbutter schlagen und satt nach hinten drücken; auf diese Weise entsteht eine Rolle. Kühl stellen.

2 Petersilie und Majoran fein hacken.

3 Das Schweinsnetz unter fliessendem kaltem Wasser gründlich spülen. Auf der Arbeitsfläche auslegen, halbieren und jeweils 3-mal so breit und knapp 1½-mal so lang wie die Schweinsfilets zuschneiden. Die Schweinsnetze mit Küchenpapier trocken tupfen (→ Randtipp Bild A).

4 Die Schweinsfilets mit Salz und Pfeffer würzen und mit Senf bestreichen. Dann in den Kräutern wälzen und jedes Schweinsfilet auf ein Stück Schweinsnetz legen. Darin einwickeln und überschüssiges Netz wegschneiden (→ Bild B). Die Filetpakete rundum mit Olivenöl bestreichen und mit der Nahtseite nach unten in eine feuerfeste Form legen.

5 Den Backofen auf 200 Grad vorheizen.

6 Kartoffeln und Karotten schälen. Die Kartoffeln je nach Grösse vierteln oder sechsteln, die Karotten der Länge nach vierteln und halbieren. Die Zwiebeln schälen und ebenfalls halbieren. Die Lauchstangen rüsten und je nach Länge in 2 oder 3 Stücke schneiden.

7 Die Bouillon aufkochen und mit etwas Muskat würzen. Kartoffeln und Zwiebeln hineingeben und 10 Minuten garen. Dann Karotten und Lauch beifügen und alles weitere 10–15 Minuten fertig garen.

8 Gleichzeitig mit dem Garen des Gemüses die Schweinsfilets im 200 Grad heissen Ofen auf der mittleren Rille einschieben und 25 Minuten braten. Dann den Ofen ausschalten und das Fleisch bei geöffneter Türe 5 Minuten nachziehen lassen.

9 Zum Servieren die Schweinsfilets in Scheiben aufschneiden und mit Bouillongemüse sowie Meerrettichbutter auf vorgewärmten Tellern anrichten.

Für weniger/mehr Gäste
3–4 Personen: Rezept in ½ der Menge zubereiten.
9–12 Personen: Rezept in 1½-facher Menge zubereiten.
13–16 Personen: Rezept in doppelter Menge zubereiten.

→ **Damit die Kräuterhülle hält**
Das Schweinsnetz dient hier nicht nur zum Zusammenhalten der Kräuterschicht, sondern schützt sie auch vor dem Verbrennen.

A Das Schweinsnetz unter fliessendem kaltem Wasser gründlich spülen. Auf der Arbeitsfläche auslegen und jeweils 3-mal so breit und knapp 1½-mal so lang wie das Fleischstück zuschneiden. Das Schweinsnetz mit Küchenpapier gut trocken tupfen; dies ist wichtig, damit das Netz beim Braten Farbe erhält und sich das Fett des Netzes aufzulösen beginnt.

B Das gewürzte und in den Kräutern gewälzte Schweinsfilet auf das Schweinsnetz legen und darin nur gerade eine Lage dick einwickeln. Überschüssiges Netz unbedingt wegschneiden.

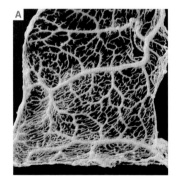

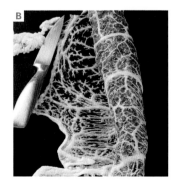

Marroni-Cassata

Für 6 Personen

Ein attraktives Herbst- und Winterdessert und eine originelle Abwandlung der italienischen Eisspezialität: Anstelle von kandierten Früchten werden als Einlage für diesen Eiscake glasierte Kastanien, sogenannte Marrons glacés (siehe Tipp) verwendet, und anstatt aus Vanilleglace besteht die eisige Hülle aus einem zartschmelzenden Kastanienparfait.

150 g Marronipüree (Kastanienpüree), tiefgekühlt oder aus der Dose
100 ml Milch
200 ml Rahm
4 Marrons glacés
250 g Ricotta
100 ml Rahm
75 g Puderzucker
abgeriebene Schale von 1 Orange
nach Belieben einige Marrons glacés für die Garnitur

1 Eine beschichtete Cakeform mit Klarsichtfolie auslegen; am besten geht dies, wenn man die Folie auf der nach innen liegenden Seite mit etwas Wasser bestreicht.

2 Das Marronipüree mit der Milch glatt rühren. Die erste Portion Rahm (200 ml) steif schlagen und unter die Kastaniencreme ziehen. Diese in die vorbereitete Form füllen und mit einem grossen Löffel längs eine breite Vertiefung eindrücken, dabei die Creme dem Rand entlang hochstreichen. Die Form in den Tiefkühler stellen.

3 Für die Füllcreme die Marrons glacés grob hacken.

4 Den Ricotta, die zweite Portion Rahm (100 ml), den Puderzucker und die abgeriebene Orangenschale glatt rühren. Die gehackten Marrons glacés unterheben.

5 Die angefrorene Marronicreme aus dem Tiefkühler nehmen. Die Ricottacreme in die Vertiefung füllen und glatt streichen. Die Cassata nochmals mindestens 3 Stunden gefrieren.

6 Zum Servieren die Cassata je nach Verweildauer im Tiefkühler im Kühlschrank 15–30 Minuten antauen lassen. Dann stürzen und in Scheiben schneiden. Nach Belieben mit Marrons glacés garnieren.

Marrons glacés

Diese kandierten, süssen und leicht nach Karamell duftenden Kastanien sind als Saisonspezialität nur im Herbst und Winter erhältlich. Die Herstellung erfordert Können und Geduld, denn die Früchte werden über mehrere Tage in Zuckersirup steigender Konzentration eingelegt, bis sie vollständig durchtränkt sind. Durch das Kandieren werden die ansonsten leicht verderblichen Kastanien für einige Zeit haltbar.

Der Arbeitsplan

Am Vortag

– Cassata zubereiten.
– Sauerkrautsuppe zubereiten (ohne Punkt 3, jedoch mit Punkt 4).
– Meerrettichbutter zubereiten.

4 Stunden vorher

– Schweinsfilet vorbereiten (bis Punkt 3).
– Gemüse und Kartoffeln vorbereiten; Kartoffeln in Wasser einlegen, damit sie sich nicht verfärben.
– Bouillon vorbereiten.
– Suppeneinlage vorbereiten und Rahm steif schlagen (Punkt 3).

Vor dem Essen

– Backofen auf 200 Grad vorheizen.
– Bouillon für Gemüse aufkochen.
– Sauerkrautsuppe nochmals aufkochen und fertigstellen.
– Schweinsfilet in den Ofen geben. Gemüse in der Bouillon garen.

Nach dem Hauptgang

– Je nach Verweildauer im Tiefkühler Marroni-Cassata rechtzeitig im Kühlschrank antauen lassen.

Aus asiatischen Küchen

Zitronengrassuppe

**Pouletcurry mit Tomaten und
Gewürzreis mit Nüssen**

Marinierte Mango

Pouletcurry mit Tomaten und Gewürzreis mit Nüssen

Marinierte Mango

Garam Masala

Diese Gewürzmischung dient indischen Hausfrauen und Köchen als Basis für ihre Currygerichte, die sie dann je nach Art der Speisen und Zutaten mit weiteren Gewürzen ergänzen, so wie ich das auch in meinem Pouletcurry mit Ingwer und Kurkuma mache. Die wichtigsten Bestandteile von Garam Masala sind schwarzer Pfeffer, Kardamom, Nelken und Zimt. Anstelle von Garam Masala kann man auch ein mildes oder mittelscharfes Currypulver verwenden.

Zitronengras

Dieses Gewürz stammt von einem schilfartigen, bis zu einem Meter hohen Gras. Seine Stängel enthalten Citral, dieselbe Aromakomponente wie in der Zitronenschale, welche der Pflanze einen feinen, frischen, nachhaltigen Zitronenduft verleiht, ohne zu säuern. Es werden nur die unteren, verdickten Teile des Stängels gegessen; man schneidet sie am besten in hauchdünne Ringe und gibt sie roh oder leicht gedünstet am Schluss in ein Gericht. Zum Mitkochen eignen sich aber auch die zähen oberen Teile der Stängel; sie werden vor der Verwendung mit der flachen Messerklinge leicht zerquetscht, damit sie ihr Aroma entfalten. Vor dem Servieren wieder entfernen. Zitronengras kann man übrigens auch selbst kultivieren: Den Stängel mit dem knolligen Ende nach unten in ein Glas Wasser stellen und, sobald Wurzeln sichtbar sind, in einen Topf setzen. Dann geduldig warten …

Zitronengrassuppe

Für 6 Personen

Zitronengras gehört zu den wichtigsten Gewürzen der asiatischen Küche und macht seit einigen Jahren auch bei uns Küchenkarriere. Kein Wunder, denn die Stängel duften frisch nach Zitrone, ohne sauer zu schmecken! Hat man kein Zitronengras zur Hand, kann man diese aromatische Suppe auch mit dünn abgeschälter Zitronenschale (nur das Gelbe!) würzen. Sie wird wie das Zitronengras in der Suppe mitgekocht.

3 Stängel Zitronengras
3 Schalotten
75 g frischer Ingwer
1 kleine rote Chilischote
2 Esslöffel Olivenöl
¾ l Gemüsebouillon
¼ l Kokosmilch
¼ Teelöffel Curry
Salz, schwarzer Pfeffer aus der Mühle
⅓ Bund frischer Koriander oder glattblättrige Petersilie

1 Die Zitronengrasstängel in dünne Ringe schneiden. Die Schalotten schälen und hacken. Den Ingwer schälen und grob hacken. Die Chilischote der Länge nach halbieren und die Kerne entfernen.
2 In einem mittleren Topf das Öl erhitzen und alle vorbereiteten Würzzutaten andünsten. Dann Bouillon und Kokosmilch dazugeben. Die Suppe zugedeckt auf mittlerem Feuer etwa 10 Minuten kochen lassen.
3 Die Suppe durch ein feines Sieb giessen, dabei die Zutaten im Sieb leicht auspressen. Die Suppe in den Topf zurückgeben, aufkochen und mit Curry, Salz und Pfeffer abschmecken.
4 Vor dem Servieren die Suppe nochmals gut aufkochen. Mit dem Stabmixer schaumig aufschlagen und in vorgewärmte Tassen oder tiefe Teller anrichten. Mit Koriander- oder Petersilienblättchen garnieren und sofort servieren.

Für weniger/mehr Gäste
2 Personen: Rezept in ⅓ der Menge zubereiten. Die Suppe kann aber auch in grösserer Menge zubereitet werden, da sie sich im Kühlschrank problemlos 3–4 Tage, im Tiefkühler 3 Monate hält.
4 Personen: Rezept in ⅔ der Menge zubereiten.
8 und mehr Personen: Zutaten entsprechend der Gästezahl vervielfachen.

Pouletcurry mit Tomaten

Für 6 Personen

Ein Gericht für alle, die wenig Zeit zum Kochen haben: In einer exotisch mit Ingwer, Garam Masala und Kurkuma gewürzten Tomatensauce schmoren Pouletbrüstchen auf unkomplizierte Art.

1 grosse Zwiebel
ca. 2 cm frischer Ingwer
3 grosse Knoblauchzehen
1 Bund frischer Koriander oder glattblättrige Petersilie
6 Esslöffel Öl
ca. 800 g Pouletbrüstchen
Salz
1 gehäufter Teelöffel Kurkumapulver
1½–2 Esslöffel Garam Masala
600 g gehackte Pelati-Tomaten aus der Dose

1 Die Zwiebel schälen und fein hacken. Den Ingwer schälen und fein reiben. Die Knoblauchzehen durchpressen und mit dem Ingwer mischen. Koriander oder Petersilie fein hacken.
2 In einem Schmortopf oder Wok das Öl erhitzen. Die Zwiebel darin glasig dünsten. Die Ingwer-Knoblauch-Paste beifügen. Die Pouletbrüstchen salzen, hineingeben und von allen Seiten anbraten. Kurkuma und Garam Masala darüberstäuben, die Tomaten beifügen, mit Salz würzen und alles auf kleinem Feuer so lange ungedeckt leise kochen lassen, bis das Fleisch gar ist; dies dauert je nach Dicke der Pouletbrüstchen 12–15 Minuten.
3 Am Schluss der Garzeit den Koriander oder die Petersilie zur Sauce geben und diese wenn nötig nachwürzen.
4 Zum Servieren jedes Pouletbrüstchen in 3–4 breite Stücke schneiden. Mit der Tomatensauce auf vorgewärmten Tellern anrichten.

Als Beilage passen Gewürzreis, Trockenreis oder in Öl gebratene kleine Schalenkartoffeln.

Für weniger/mehr Gäste
2 Personen: Rezept in ⅓ der Menge zubereiten.
4 Personen: Rezept in ⅔ der Menge zubereiten.
8 und mehr Personen: Zutaten entsprechend der Gästezahl vervielfachen.

Gewürzreis mit Nüssen

Für 6 Personen als Beilage

Dieser würzige Reis ist auch farblich eine originelle Beilage zum Pouletcurry. Basmatireis muss vor dem Kochen unbedingt gründlich kalt gespült werden, damit er bei der Zubereitung nicht zusammenpappt. Durch das Spülen wird überschüssige Stärke herausgewaschen. Aber ebenso wichtig ist, dass man ihn anschliessend gut trocknet, weil Reis auch in kaltem Zustand Flüssigkeit absorbiert und dadurch zu quellen beginnt. Nach dem Spülen immer sofort zubereiten.

⅓ Teelöffel Safranfäden
½ Teelöffel Salz
3 Esslöffel grüne Pistazienkerne
4 grüne Kardamomkapseln
2 Lorbeerblätter, wenn möglich frisch
8 schwarze Pfefferkörner
300 g Basmatireis
1 Teelöffel Zucker
1 Esslöffel Bratbutter
3 Gewürznelken
½ Zimtstange
3 Esslöffel Mandelblättchen
3 gehäufte Esslöffel Cashewkerne
knapp 600 ml heisses Wasser
3 Esslöffel Rosinen

1 Safranfäden und Salz in ein kleines Tässchen geben und mit einem Teelöffel mittelfein zerstossen. Die Pistazien grob hacken. Die Kardamomkapseln kräftig quetschen. Die Lorbeerblätter dem Rand entlang mit einer Schere einschneiden. Die Pfefferkörner mittelfein zerdrücken.
2 Unmittelbar vor der Zubereitung den Reis in einem Sieb unter fliessendem kaltem Wasser gründlich spülen, bis das Wasser klar abläuft. Auf einem Küchentuch so gut wie möglich trocknen (→ Randtipp).
3 In einem mittleren Topf Zucker und Bratbutter zu hellbraunem Karamell schmelzen. Kardamom, Lorbeerblätter, Pfeffer, Nelken und Zimtstange beifügen und kurz anrösten. Dann Reis, Pistazien, Mandelblättchen und Cashewkerne beifügen und mitrösten, bis sie leicht Farbe annehmen. Jetzt das Wasser dazugiessen, die Safran-Salz-Mischung sowie die Rosinen beifügen und alles zugedeckt auf kleinster Stufe garen, bis der Reis körnig und trocken ist. Der Reis lässt sich auf der ausgeschalteten Herdplatte etwa ½ Stunde warm halten.

Für weniger/mehr Gäste
2 Personen: Rezept in ⅓ der Menge zubereiten.
4 Personen: Rezept in ⅔ der Menge zubereiten.
8 und mehr Personen: Zutaten entsprechend der Gästezahl vervielfachen.

Kurkuma
Kurkuma, auch Gelbwurz genannt, gehört in die Familie des Ingwers und sieht diesem auch äusserlich sehr ähnlich. Die gelbe Wurzel schmeckt leicht moschusartig und ist ein wichtiger Farb- und Aromageber in fast jeder Currymischung. Doch auch als eigenständiges Gewürz kommt Kurkuma in vielen Gerichten der indischen und asiatischen Küche zur Verwendung. Dabei ist aber Vorsicht geboten: Zu viel Kurkuma verleiht den Gerichten einen bitteren Geschmack. Die frische Wurzel ist bei uns nur ganz selten erhältlich. Getrocknet und fein gemahlen, findet man Kurkuma hingegen in allen gut sortierten Gewürzsortimenten und in Asiashops. Und noch ein Trick: Durch Kurkuma gelb verfärbte Küchenutensilien an die Sonne legen; nach 1 Stunde ist die Farbe verblasst.

Marinierte Mango

Für 6 Personen

Passionsfrüchte, frisch gepresster Orangensaft und Vanille ergeben einen aromatischen Sirup, in dem die Mangos mariniert werden. Auf die gleiche Weise kann man auch andere frische Früchte zubereiten, zum Beispiel im Sommer Erdbeeren oder Pfirsiche, im Winter Orangen oder Grapefruits.

6 Passionsfrüchte
¼ l frisch gepresster Orangensaft
(von etwa 3 Orangen)
50 g Zucker
1 Teelöffel Vanillepaste
3 reife Mangos

Zum Servieren:
6 Kugeln Mangosorbet

1 Die Passionsfrüchte halbieren und das Fruchtfleisch in einen hohen Becher schaben. Nur gerade 5 Sekunden mit dem Stabmixer durchmixen, bis sich das Fruchtfleisch beziehungsweise der Saft von den Kernen löst. Die Passionsfrüchte in ein feines Sieb geben und mit Hilfe eines Löffels in einen kleinen Topf streichen, sodass die Kerne zurückbleiben (→ Randtipp Bild A).
2 Orangensaft, Zucker und Vanillepaste zum Passionsfruchtsaft geben. Alles unter Rühren aufkochen und um gut ⅓ reduzieren. Vom Feuer ziehen und abkühlen lassen.
3 Inzwischen die Mangos schälen. Das Fruchtfleisch vom Stein (→ Bild B) und anschliessend in 1 cm grosse Würfel schneiden. In eine Schüssel geben. Den abgekühlten Sud darübergiessen. Bis zum Servieren kühl stellen.
4 Das Mangokompott mit etwas Jus in Gläser oder Dessertschalen anrichten. Je 1 Kugel Mangosorbet daraufsetzen. Sofort servieren.

Für weniger/mehr Gäste
2 Personen: Rezept in ⅓ der Menge zubereiten, jedoch 100 ml Orangensaft verwenden.
4 Personen: Zutaten in ⅔ der Menge zubereiten, jedoch 200 ml Orangensaft verwenden.
8 und mehr Personen: Zutaten entsprechend der Gästezahl vervielfachen.

→ Exoten richtig vorbereitet
A Um die Kerne der Passionsfrüchte vom Fruchtfleisch beziehungsweise Saft zu trennen, gibt man das herausgeschabte Innere der Früchte am besten in einen hohen Becher und mixt sie nur gerade 5 Sekunden mit dem Stabmixer an. Die Kerne dürfen dabei auf keinen Fall zerkleinert werden, weil sie bitter schmecken. Dann die Masse in ein feines Sieb geben und mit Hilfe eines Löffels durchpassieren, sodass die Kerne zurückbleiben.

B Das Fruchtfleisch der Mango ist fest mit dem Stein verwachsen; man erkennt nicht, wo das Fruchtfleisch aufhört und der Kern beginnt. Es bleibt einem nichts anderes übrig, als einen ersten Schnitt leicht versetzt von der Mitte der Frucht zu wagen; man spürt sofort, ob man das Messer nochmals leicht weiter zum Rand hin versetzen muss, um eine schöne Scheibe abschneiden zu können. Auf die gleiche Weise auf der gegenüberliegenden Seite eine zweite Scheibe abschneiden. Das restliche Fruchtfleisch ebenfalls vom Stein schneiden; allerdings ist oft nicht mehr viel vorhanden, da der Stein recht gross ist.

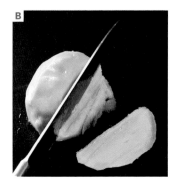

Der Arbeitsplan

Am Vortag
– Zitronengrassuppe zubereiten.

8 Stunden vorher
– Marinierte Mangos zubereiten.

2 Stunden vor dem Essen
– Zwiebel, Ingwer und Knoblauch für Pouletcurry vorbereiten und zugedeckt kühl stellen.

Vor dem Essen
– Gewürzreis zubereiten.
– Zitronengrassuppe nochmals sehr gut aufkochen. Aufschäumen und anrichten.

Nach der Vorspeise
– Pouletcurry zubereiten.

Nach dem Hauptgang
– Dessert fertigstellen.

Preiswert geniessen

Mandelsuppe

Truthahnbrust im Gemüsebett
mit italienischem Kartoffelpüree

Brombeer-Eiscake

Mandelsuppe

Truthahnbrust im Gemüsebett mit italienischem Kartoffelpüree

Brombeer-Eiscake

Mandelsuppe

Für 6 Personen

Das einzige, was ein wenig Küchenarbeit gibt, ist das feine Würfeln des Gemüses für diese originelle Suppe, die mit Sherry und Mandeln gewürzt ist. Aber das kann im Voraus zubereitet werden, der Rest der Suppe ist im Nu gemacht.

1 Stück Lauch, ca. 10 cm lang
2 kleine Zweige Stangensellerie
(aus dem inneren Teil der Staude)
1 grosse Karotte
1 Schalotte
2 Esslöffel Butter
100 g gemahlene geschälte Mandeln
50 ml trockener Sherry
1 l Gemüse- oder Hühnerbouillon
50 g Mandelblättchen
2 Eigelb
100 ml Rahm
Salz, schwarzer Pfeffer aus der Mühle

1 Den Lauch in feine Ringe schneiden. Den Stangensellerie rüsten und mitsamt schönem Grün in dünne Scheibchen schneiden. Die Karotte schälen und in kleinste Würfelchen schneiden. Die Schalotte schälen und fein hacken.
2 In einem mittleren Topf die Butter schmelzen. Die Schalotte, alle Gemüse und die gemahlenen Mandeln darin 3–4 Minuten andünsten. Dann Sherry und Bouillon dazugiessen, aufkochen und die Suppe zugedeckt etwa 15 Minuten leise kochen lassen.
3 Inzwischen in einer trockenen Pfanne die Mandelblättchen ohne Fettzugabe rösten.
In einer kleinen Schüssel Eigelb und Rahm gut verrühren.
4 Unmittelbar vor dem Servieren die Suppe nochmals gut aufkochen. Die Eigelb-Rahm-Mischung in die heisse Suppe rühren und nur gerade bis kurz vors Kochen bringen, dann sofort von der Herdplatte ziehen, damit das Eigelb nicht gerinnt. Die Suppe mit Salz und Pfeffer abschmecken.

5 Die Suppe in vorgewärmten tiefen Tellern oder Tassen anrichten und mit Mandelblättchen bestreuen. Sofort servieren.

Für weniger/mehr Gäste
3–4 Personen: Rezept in ½ der Menge zubereiten.
8 und mehr Personen: Zutaten entsprechend der Gäste-zahl vervielfachen.

Truthahnbrust im Gemüsebett

Für 6–7 Personen

Truthahn steht zu Unrecht im Ruf, trockenes Fleisch zu besitzen. Die richtige Zubereitung bei moderater Hitze, aber auch ein nicht zu kleines Fleischstück lassen diesen feinen und erst noch preiswerten Braten schön saftig werden.

300 g Karotten
3–4 Zweige Stangensellerie, je nach Grösse
200 g Schalotten
250 g möglichst kleine Champignons
1 Truthahnbrust, 800 g–1 kg
Salz, schwarzer Pfeffer aus der Mühle
1 Esslöffel Bratbutter
100 ml Noilly Prat
200 ml Weisswein
200 ml Gemüsebouillon
100 ml Rahm
einige Tropfen Worcestershiresauce
1 Prise Cayennepfeffer

1 Die Karotten schälen und in kleine Stängel-chen schneiden. Den Stangensellerie waschen und mitsamt schönem Grün ebenfalls in dünne Stängelchen schneiden. Die Schalotten schälen und grössere halbieren. Die Pilze kurz unter kaltem Wasser spülen und die Stiele an den Enden frisch anschneiden.
2 Die Truthahnbrust mit Salz und Pfeffer würzen. In einer Bratpfanne die Bratbutter erhitzen. Das Fleischstück darin rundum 5 Minuten anbraten. Aus der Pfanne nehmen.

Geschälte Mandeln
Wer auf den feinen Nussgeschmack der Mandeln besonderen Wert legt, sollte die Kerne selbst schälen und je nach Verwendungszweck zerkleinern. Dies lohnt sich insbesondere auch, weil bei Mandeln wie bei allen Nüssen wegen ihres hohen Fettgehalts die Gefahr des Schimmelns besteht und sie dann ranzig schmecken. Bei ganzen Mandelkernen hingegen, die noch von der braunen Haut umhüllt sind, ist diese Gefahr, im Gegensatz zu geschälten, zerkleinerten oder gemahlenen Nüssen, vergleichsweise klein. Damit sich Mandeln gut schälen lassen, blanchiert man sie zuerst etwa 1 Minute in kochendem Wasser, giesst sie dann ab und drückt sie noch warm aus der Schale. Vor dem Mahlen und der Weiterverarbeitung müssen die Kerne gut trocken sein.

3 Im Bratensatz Karotten, Stangensellerie, Schalotten und Pilze andünsten. Dann Noilly Prat, Weisswein und Gemüsebouillon beifügen, kräftig aufkochen und 2 Minuten kochen lassen. Alles in einen grossen Bräter oder in eine weite Gratinform geben und die Truthahnbrust darauflegen.

4 Den Backofen auf 200 Grad vorheizen.

5 Die Truthahnbrust im 200 Grad heissen Ofen auf der zweituntersten Rille 10 Minuten braten. Dann die Hitze auf 160 Grad reduzieren und das Fleischstück je nach Dicke und Form 50–60 Minuten garen; dabei regelmässig mit etwas Bratjus übergiessen.

6 Am Ende der Bratzeit den Ofen ausschalten. Den Jus aus der Form in einen kleinen Topf giessen und etwa ¼ des Gemüses (ohne Pilze) beifügen. Den Truthahn mit dem restlichen Gemüse im ausgeschalteten Ofen 10 Minuten nachziehen lassen.

7 Den Rahm zum Jus geben und 5 Minuten lebhaft kochen lassen. Dann alles mit dem Stabmixer fein pürieren und die Sauce mit Salz, Pfeffer, Worcestershiresauce und Cayennepfeffer abschmecken.

8 Den Truthahnbraten in dünne Scheiben schneiden und mit dem Gemüse sowie der Sauce auf einer vorgewärmten Platte oder Tellern anrichten.

Für weniger/mehr Gäste

Weniger Gäste: Dieses Rezept eignet sich nicht für die Zubereitung in kleinerer Menge. Reste vom Truthahn schmecken jedoch dünn aufgeschnitten auch kalt gut.
Mehr Gäste: Je nach Gästezahl eine grössere Truthahnbrust wählen. Pro 500 g Fleisch verlängert sich die Bratzeit um etwa 15 Minuten.

Italienisches Kartoffelpüree

Für 6 Personen

Nicht mit Milch, sondern mit Olivenöl und typisch italienischen Würzzutaten wie Dörrtomaten, Basilikum und Frühlingszwiebeln wird dieses rustikale Kartoffelpüree oder eher ein Kartoffelstampf zubereitet. Die Kartoffeln können einige Stunden im Voraus gegart werden; dann im Kochwasser und bei Zimmertemperatur, nie im Kühlschrank aufbewahren.

1 kg mehligkochende Kartoffeln
1 Bund Frühlingszwiebeln
3 Knoblauchzehen
80 g in Öl eingelegte Dörrtomaten
1 Bund Basilikum
3 Esslöffel Olivenöl zum Andünsten
100 ml Olivenöl

1 Die Kartoffeln schälen und je nach Grösse halbieren oder vierteln. Die Kartoffeln in einem grossen Topf in nicht zu viel Salzwasser weich kochen.

2 Inzwischen die Frühlingszwiebeln rüsten. Das Grün in feine Ringe schneiden, das Weisse der Zwiebeln hacken. Die Knoblauchzehen schälen und ebenfalls hacken.

3 Die Dörrtomaten auf Küchenpapier trocken tupfen. Dann in kleine Würfelchen schneiden. Das Basilikum in feinste Streifchen schneiden.

4 In einem kleinen Topf die erste Portion Olivenöl erhitzen. Die Frühlingszwiebeln und den Knoblauch darin 3–4 Minuten dünsten. Dann die Dörrtomaten und die zweite Portion Olivenöl (100 ml) beifügen und die Mischung beiseitestellen.

5 Die Kartoffeln abschütten, in den Topf zurückgeben und kurz trocken dämpfen.

6 Inzwischen die Olivenölmischung nur erwärmen.

7 Die heissen Kartoffeln mit dem Kartoffelstampfer oder einer grossen Gabel zerdrücken. Wichtig: Es soll ein relativ rustikales, also nicht zu feines Kartoffelpüree werden! Die warme Olivenölmischung und das Basilikum untermischen und das Püree mit Salz sowie Pfeffer würzen. Sofort servieren.

Truthahnbrust
Als Truthahn- oder Putenbrust wird das am Brustbein ausgelöste Fleisch ohne Haut bezeichnet. Die Brust besteht aus dem grossen Hauptmuskel und einem kleinen Muskel, der auch als Putenfilet bezeichnet wird. Dieses entfernt man bei Bratenstücken oft, weil mitten durch das Filet eine dünne Sehne verläuft. Achten Sie beim Einkauf darauf. Eine Truthahnbrust kann ein sehr unterschiedliches Gewicht aufweisen, von 800 g bis zu 2 kg und mehr. Wünschen Sie ein Bratenstück für eine grosse Gästerunde, sollten Sie es unbedingt beim Metzger vorbestellen.

Worcestershiresauce
Diese klassische englische, seit 1838 hergestellte Würzsauce (korrekt «Wustersosse» ausgesprochen) soll der Legende nach auf ein indisches Rezept zurückgehen. Die aus Essig, Zucker, Sardellen, Zwiebeln, Senf, Sherry, Sojasauce und vielerlei Gewürzen hergestellte Sauce reift über mehrere Jahre in geschlossenen Behältern zu einem dünnflüssigen, tiefbraunen und hocharomatischen Extrakt.

Brombeer-Eiscake

Ergibt 8–10 Portionen

Dieser fruchtige Eiscake kann auch mit anderen Früchten zubereitet werden. Sehr gut eignen sich zum Beispiel Erdbeeren, Himbeeren, Heidelbeeren, Aprikosen oder Mango. Sind Kinder am Tisch, beträufelt man die Makronen für die Füllung mit Fruchtsaft, zum Beispiel Orangensaft.

50 g Haselnuss- oder Mandelmakrönchen, eventuell auch Amaretti
2 Esslöffel Kirsch
750 g frische oder tiefgekühlte Brombeeren, aufgetaut
200 g Zucker
3 Eigelb
1 Esslöffel Zitronensaft
400 ml Rahm
4 Meringueschalen

1 Die Makronen klein zerbröseln, in eine Schüssel geben und mit dem Kirsch beträufeln.
2 Die Brombeeren mit der Hälfte des Zuckers (100 g) im Mixer oder mit dem Stabmixer fein pürieren.
3 Die Eigelbe mit dem restlichen Zucker (100 g) und dem Zitronensaft 8 Minuten zu einer hellen, dicklichen Creme aufschlagen. Das Brombeerpüree unterrühren.

4 Den Rahm steif schlagen. ¼ des Rahms mit den Makronen mischen. Den restlichen Rahm unter die Brombeercreme ziehen.
5 Eine Cakeform sparsam mit Öl ausstreichen, dann mit Klarsichtfolie auskleiden. Die Hälfte der Brombeercreme einfüllen. 2 Meringueschalen zerbröseln und über die Creme streuen. Die Makronen-Rahm-Mischung darüber verteilen. Die restlichen beiden Meringueschalen ebenfalls zerbröseln und darüberstreuen. Mit Brombeercreme abschliessen. Den Eiscake mindestens 4 Stunden gefrieren lassen.
6 Zum Servieren die Form ganz kurz in lauwarmes Wasser stellen, dann den Eiscake auf eine Platte stürzen. Wurde der Eiscake länger als 8 Stunden tiefgekühlt, sollte man ihn vor dem Servieren etwa 30 Minuten in der Form im Kühlschrank antauen lassen, damit er nicht zu hart gefroren ist. Zum Anrichten den Brombeer-Eiscake in Scheiben schneiden. Nach Belieben mit einer Brombeersauce servieren oder mit aufgetauten Brombeeren garnieren.

Für weniger/mehr Gäste
4–5 Portionen: Rezept in ½ der Menge zubereiten, jedoch 2 Eigelb verwenden.
12–16 Portionen: Rezept in 1½-facher Menge zubereiten. Nach Belieben in einer grossen Gugelhopfform – von Vorteil aus Silikon – gefrieren.

Brombeeren
Die schwarzblauen Früchte, die botanisch gesehen keine Beeren, sondern Sammelfrüchte sind, wachsen in kühleren und eher gemässigten Regionen überall wild. Die meisten Brombeeren, die man im Handel findet, werden jedoch gezüchtet. Moderne dornlose Sträucher erleichtern die Ernte. Wilde Brombeeren sind kleiner, fester und schmecken nur zu Saisonbeginn gut. Sie enthalten auch mehr Kerne und eignen sich deshalb vor allem für Konfitüren und Gelee. Brombeeren sollte man möglichst rasch nach dem Pflücken beziehungsweise Einkauf essen oder verarbeiten, denn sie schimmeln schnell. Brombeeren eignen sich sehr gut zum Tiefkühlen.

Der Arbeitsplan

Am Vortag
– Brombeer-Eiscake zubereiten.

4 Stunden vorher
– Suppe zubereiten (bis Punkt 3).
– Truthahnbrust vorbereiten (bis Punkt 3).
– Kartoffeln garen. Im Kochwasser bei Zimmertemperatur aufbewahren.
– Würzzutaten für Kartoffelpüree vorbereiten und andünsten (bis Punkt 5).

½ Stunde vorher
– Backofen auf 200 Grad vorheizen.
– Truthahnbrust braten.

Vor dem Essen
– Mandelsuppe fertigstellen.

Nach der Vorspeise
– Kartoffeln im Kochwasser nochmals 5 Minuten kochen lassen.
– Truthahnbrust im ausgeschalteten Ofen nachziehen lassen.
– Sauce fertigstellen.
– Würzzutaten für Kartoffelpüree erwärmen.
– Kartoffeln abschütten, trocken dämpfen und fertigstellen.

Nach dem Hauptgang
– Je nach Gefrierdauer den Brombeereiscake eventuell im Kühlschrank antauen lassen.

Ein Essen, das alle glücklich macht

Karotten-Randen-Salat mit Feta

Geschmorter Kalbsbraten mit Morchel-Cherrytomaten-Sauce, dazu Spätzli mit Butterbröseln

Geschichteter Bratapfel

Karotten-Randen-Salat mit Feta

Geschmorter Kalbsbraten mit Morchel-Cherrytomaten-Sauce, dazu Spätzli mit Butterbröseln

Geschichteter Bratapfel

Feta

Dieser ursprünglich aus Griechenland stammende Schafsmilchkäse wird heute auch bei uns aus Kuh-, Schafs- oder Ziegenmilch hergestellt. Er reift rindenlos in Salzlake, und seine Konsistenz reicht von krümelig bis cre-mig. Feta ist in Blöcken oder in dicke Scheiben geschnitten (grie-chisch *feta*) erhältlich. Seit 2007 darf nur noch Käse als Feta bezeichnet werden, der aus Schaf- und/oder Ziegenmilch auf dem griechischen Festland oder der Insel Lesbos hergestellt wird.

Gedörrte Morcheln

Morcheln eignen sehr gut zum Trock-nen, wodurch ihr Aroma sogar noch intensiver wird. Je länger man die gedörrten Pilze einweicht und dabei mehrmals das Einweichwasser wechselt, desto feiner wird ihr Geschmack. Vorsicht bei der Ver-wendung der Einweichflüssigkeit: Vor allem getrocknete Morcheln osteuropäischer Herkunft haben oft einen penetranten Rauchge-schmack, weil sie auf Gitterrosten über mottendem Feuer getrocknet werden. Man erkennt dies an der dunklen Farbe des Einweichwassers.

Karotten-Randen-Salat mit Feta

Für 6 Personen

Für diesen originellen Salat wird das Gemüse nicht gekocht, sondern im Ofen gebraten, was ihm einen würzigen Röstgeschmack verleiht. Auf die gleiche Weise bereite ich übrigens auch einen Fenchelsalat zu.

600 g Karotten
3 kleinere Randen (rote Bete)
Salz, schwarzer Pfeffer aus der Mühle
6 Thymianzweige
6 Salbeiblätter
6 Esslöffel Olivenöl
6 Esslöffel Mandelblättchen
200 g Feta
1 Bund glattblättrige Petersilie

Senf-Honig-Vinaigrette:

3 Esslöffel Balsamicoessig
3 Esslöffel Weissweinessig
3 Teelöffel flüssiger Honig
1 Knoblauchzehe
1½–2 Esslöffel körniger Senf
Salz, Pfeffer aus der Mühle
7–8 Esslöffel Olivenöl

1 Den Backofen auf 200 Grad vorheizen.
2 Karotten und Randen schälen und in knapp kleinfingergrosse Stängelchen schneiden. In eine Gratinform geben und mit Salz sowie Pfeffer würzen. Thymianblättchen von den Zweigen zupfen. Salbeiblätter in Streifchen schneiden. Beides über das Gemüse verteilen und dieses grosszügig mit Olivenöl beträufeln.
3 Das Gemüse auf der untersten Rille im 200 Grad heissen Ofen 35–40 Minuten backen; zwischendurch etwa zweimal wenden. Abkühlen lassen, aber nicht in den Kühlschrank stellen!
4 Inzwischen in einer beschichteten Bratpfanne ohne Fettzugabe die Mandelblättchen hellbraun rösten. Den Feta je nach Konsistenz in kleine Würfelchen schneiden oder grob zerbröseln. Die Petersilienblätter fein hacken.
5 Für die Vinaigrette die beiden Essigsorten und den Honig verrühren. Die Knoblauchzehe schälen und dazupressen. Senf, Salz und Pfeffer beifügen, dann das Olivenöl dazugiessen und alles zu einer Sauce rühren.

6 Kurz vor dem Servieren das Gemüse auf Tellern anrichten. Feta, Mandelblättchen und Petersilie darüber verteilen und alles mit der Vinaigrette beträufeln.

Für weniger/mehr Gäste
2 Personen: Rezept in ⅓ der Menge zubereiten.
4 Personen: Rezept in ⅔ der Menge zubereiten.
8 und mehr Personen: Zutaten entsprechend der Gäste-zahl vervielfachen.

Geschmorter Kalbs-braten mit Morchel-Cherrytomaten-Sauce

Für 6–8 Personen

Zu meinen liebsten Gerichten für eine grössere Gästerunde gehört dieser zarte Kalbsbraten, der im Ofen zubereitet wird. Das Resultat ist nicht nur ein köstliches Fleisch, sondern auch ein würziger Morcheljus, der am Schluss mit Cherrytomaten und Rahm abgerundet wird. Und der grosse Vorteil dieses Bratens: Wenn er etwas länger im Ofen bleibt, ist dies auch kein Unglück. Einfach die Ofenhitze auf 120 Grad zurückschalten und den Braten mit Alufolie bedecken.

20 g gedörrte Morcheln
2 Schalotten
2 Knoblauchzehen
1–1,2 kg Kalbsbraten zum Schmoren
(z. B. Schulter)
Salz, Pfeffer aus der Mühle
1 Esslöffel Mehl
2 Esslöffel Bratbutter
200 ml Noilly Prat
200 ml Kalbsfond oder Bouillon
4 Zweige Thymian
1 Zweig Rosmarin
4 Zweige glattblättrige Petersilie
300 g Cherrytomaten

Zum Fertigstellen:

4–6 Zweige Thymian
½ Bund glattblättrige Petersilie
100 ml Rahm

1 Die Morcheln unter warmem Wasser gründlich spülen. Dann mit warmem Wasser bedeckt etwa 15 Minuten einweichen. Abschütten, nochmals spülen, dann auf Küchenpapier trocken tupfen. Die Morcheln je nach Grösse halbieren oder in Streifen schneiden.

2 Die Schalotten und die Knoblauchzehen schälen und sehr fein hacken.

3 Den Backofen auf 220 Grad vorheizen.

4 Den Kalbsbraten mit Salz und Pfeffer würzen und mit Mehl bestäuben. In einem Bräter die Bratbutter kräftig erhitzen und den Kalbsbraten darin rundum anbraten, dann herausnehmen.

5 Im Bratensatz Schalotten, Knoblauch und Morcheln kurz andünsten. Mit Noilly Prat sowie Fond oder Bouillon ablöschen. Thymian-, Rosmarin- und Petersilienzweige zu einem Sträusschen binden und dazulegen. Den Braten wieder beifügen und die Sauce aufkochen. Den Bräter zudecken (Deckel oder Alufolie).

6 Den Kalbsbraten im 220 Grad heissen Ofen auf der untersten Rille einschieben. Nach 20 Minuten Bratzeit die Ofentemperatur auf 180 Grad reduzieren und das Fleisch weitere 60 Minuten schmoren, dabei regelmässig mit der Sauce übergiessen.

7 Inzwischen die Cherrytomaten halbieren. Mit Salz und Pfeffer würzen. Die Thymianblättchen abzupfen, hacken und zum Rahm geben. Diesen mit Salz und Pfeffer würzen. Kühl stellen.

8 Nach 60 Minuten Schmorzeit bei 180 Grad die Cherrytomaten beifügen. Den Braten nochmals 20 Minuten schmoren lassen.

9 Am Ende der Garzeit den Kalbsbraten aus dem Bräter nehmen und in Alufolie wickeln. Die Ofenhitze auf 230 Grad erhöhen.

10 Den Thymianrahm aufkochen und zur Sauce im Bräter geben. Die Cherrytomaten beifügen. Den Bräter jetzt offen in der Mitte des Ofens einschieben und die Sauce nochmals 10 Minuten leise kochen lassen.

11 Den Kalbsbraten in dünne Scheiben schneiden und mit Sauce umgiessen.

Für weniger/mehr Gäste

Weniger Gäste: Der Braten eignet sich nicht für die Zubereitung in kleinerer Menge.
Mehr Gäste: Einen grösseren Kalbsbraten oder 2 Schulterstücke verwenden. Meist reicht die angegebene Garzeit auch für ein grösseres Stück, das in der Regel länger, aber nicht dicker ist. Die Flüssigkeitsmenge zum Garen vorsichtig bemessen, im Normalfall reicht die 1½-fache Menge.

Spätzli mit Butterbröseln

Für 6 Personen

Zu diesen Spätzli brauchte ich eigentlich gar kein Fleisch, so gerne mag ich sie. Sparen Sie bitte nicht an der Butter – die Spätzli stehen und fallen mit den Butterbröseln!

300 g Mehl
150 ml kohlensäurehaltiges Mineralwasser
1 gehäufter Teelöffel Salz
3 Eier

Zum Fertigstellen:
100 g Butter
75 g Paniermehl

1 Das Mehl in eine Schüssel sieben. Wasser, Salz und Eier verquirlen, zum Mehl giessen und zu einem Teig schlagen, bis dieser glatt ist und Blasen wirft (→ Randtipp Bild A). Den Teig bei Zimmertemperatur 30 Minuten ausquellen lassen.

2 In einem grossen, weiten Topf reichlich Salzwasser aufkochen. Eine grosse Schüssel vorwärmen.

3 In einer beschichteten Bratpfanne die Butter aufschäumen lassen. Das Paniermehl beifügen und leicht anrösten. In der Pfanne warm stellen.

4 Den Teig entweder portionenweise auf ein Holzbrett geben oder in der Schüssel über den Topf mit dem leicht kochenden Salzwasser halten und mit einem Messer, das man immer wieder ins Kochwasser taucht, direkt vom Brett- oder Schüsselrand als Streifen abschneiden und in die Kochflüssigkeit gleiten lassen (→ Bild B). Wichtig: Portionenweise arbeiten, denn wenn man zu viele Spätzli aufs Mal ins Kochwasser gibt, können sie zusammenkleben. Sobald die Spätzli an die Oberfläche steigen, mit einer Schaumkelle herausheben. Gut abtropfen lassen und in die vorgewärmte Schüssel geben. Etwas Paniermehl-Butter-Mischung darüber verteilen. So weiterfahren, bis alle Zutaten aufgebraucht sind. Die Spätzli sofort servieren.

Für weniger/mehr Gäste

2 Personen: Rezept in ⅓ der Menge zubereiten.
4 Personen: Rezept in ⅔ der Menge zubereiten.
8 und mehr Personen: Zutaten entsprechend der Gästezahl vervielfachen.

→ Spätzli – ganz einfach

A Das Mehl in eine Schüssel sieben. Wasser, Salz und Eier verquirlen, zum Mehl giessen und alles zu einem Teig schlagen, bis dieser glatt ist und Blasen wirft. Dies lässt die Spätzli beim Garen besonders luftig werden. Und noch etwas ist wichtig: Den Teig bei Zimmertemperatur mindestens 30 Minuten ausquellen lassen.

B Den Teig entweder portionenweise auf ein Holzbrett geben oder in der Schüssel über den Topf mit dem leicht kochenden Salzwasser halten und mit einem Messer, das man immer wieder ins Kochwasser taucht, direkt vom Brett- oder Schüsselrand als Streifen abschneiden und in die Kochflüssigkeit gleiten lassen. Wichtig: Portionenweise arbeiten, denn wenn man zu viele Spätzli aufs Mal ins Kochwasser gibt, können sie zusammenkleben. Sobald die Spätzli an die Oberfläche steigen, sind sie gar.

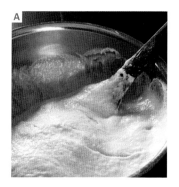

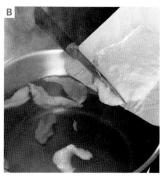

Geschichteter Bratapfel

→ Bratäpfel – Schicht für Schicht

A Die Mandelkerne mit einem Messer mittelfein hacken. Besser nicht vorgemahlene geschälte Mandeln verwenden, da diese zu fein sind.

B Jeden Apfel separat ungeschält quer in 4–5 dicke Scheiben schneiden, diese mit Zitronensaft bestreichen und anschliessend so aufeinanderlegen, dass sie wieder zu einem Apfel zusammengefügt sind.

C Mit der untersten Scheibe eines der Äpfel beginnend, die Äpfel in die Form schichten, dabei jede Scheibe mit etwas Johannisbeergelee bestreichen und darauf etwas Mandelmasse verteilen. Mit der obersten Apfelscheibe abschliessen und in das Loch ebenfalls wenig Mandelmasse geben.

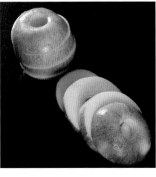

Für 6 Personen

Die Äpfel für dieses originelle Dessert werden nicht ausgehöhlt, sondern in Scheiben geschnitten und schichtweise gefüllt mit einer würzigen Mandel-Butter-Masse sowie Johannisbeergelee. Anschliessend wird das Ganze im Ofen gebacken und warm serviert. Gut passt dazu Doppelrahm oder eine Vanillesauce.

250 g geschälte Mandelkerne
3 Päckchen Bourbon-Vanillezucker
3 Esslöffel Zucker
2–3 Messerspitzen Zimtpulver
60 g weiche Butter
1 Zitrone
6 mittlere Äpfel
½ kleines Glas Johannisbeergelee
150 g Doppelrahm

Der Arbeitsplan

4 Stunden vorher
– Gemüsesalat zubereiten.

2 Stunden vorher
– Bratäpfel vorbereiten.
– Kalbsbraten vorbereiten (bis Punkt 4).
– Spätzliteig zubereiten.

1½ Stunden vorher
– Backofen auf 220 Grad vorheizen.
– Schalotten, Knoblauch und Morcheln andünsten. Flüssigkeit, Kräuter und Braten in den Bräter geben und im Ofen garen.

1 Die Mandelkerne mit einem Messer mittelfein hacken (→ Randtipp Bild A). In eine kleine Schüssel geben. Vanillezucker, Zucker, Zimt und die weiche Butter beifügen und alles gut mischen.

2 Den Saft der Zitrone auspressen.

3 Die Äpfel waschen und mit Küchenpapier trocknen. Mit einem Apfelausstecher das Kerngehäuse entfernen. Dann jeden Apfel separat ungeschält quer in 4–5 dicke Scheiben schneiden, diese mit Zitronensaft bestreichen und anschliessend wieder so aufeinanderlegen, dass sie wieder zu einem Apfel zusammenfügt sind (→ Bild B).

4 Eine Gratinform oder 6 Souffléformen von etwa 10 cm Durchmesser mit Butter ausstreichen. Mit der untersten Scheibe eines der Äpfel beginnend, die Äpfel in die Form schichten, dabei jede Scheibe mit etwas Johannisbeergelee bestreichen und darauf etwas Mandelmasse verteilen. Mit der obersten Apfelscheibe abschliessen und in das Loch ebenfalls wenig Mandelmasse geben (→ Bild C).

5 Den Backofen auf 200 Grad vorheizen.

6 Die Bratäpfel im 200 Grad heissen Ofen auf der zweituntersten Rille je nach Apfelsorte 20–25 Minuten backen. Noch warm etwas Doppelrahm darübergeben und sofort servieren.

Für weniger/mehr Gäste
2 Personen: Rezept in ⅓ der Menge zubereiten.
4 Personen: Rezept in ⅔ der Menge zubereiten.
8 und mehr Personen: Zutaten entsprechend der Gästezahl vervielfachen.

Vor dem Essen
– Reichlich Salzwasser aufkochen und vor dem Siedepunkt halten.
– Salat anrichten.

Nach der Vorspeise
– Kalbsbraten warm stellen. Sauce fertigstellen.
– Paniermehl rösten.
– Spätzli zubereiten.

Nach dem Hauptgang
– Backofen auf 200 Grad vorheizen.
– Bratäpfel backen.

Rezeptverzeichnis

Vorspeisen

Austernpilze, gebraten, auf Friséesalat 148

Avocado-Cappuccino 58

Avocadomousse 160

Champignons, gefüllt, mit Sauermilchsauce 142

Endiviensalat mit Fenchel und Orangen-Oliven-Vinaigrette 34

Frischkäsemousse mit Peperoni 124

Gazpacho, grüne 64

Griesssuppe mit Kürbiskernöl 40

Karotten-Frühlingszwiebel-Tatar mit Basilikumbrötchen 118

Karotten-Randen-Salat mit Feta 184

Karotten-Zitronen-Suppe 94

Kartoffelcremesüppchen, Doppeltes 16

Lattich-Radieschen-Salat an Gorgonzola-Dressing 76

Linsensüppchen, rotes, mit Grappa und Speck-Feuilletés 52

Mandelsuppe 178

Melonensuppe, kalte, mit geräucherter Entenbrust 130

Mozzarella-Spiesschen 100

Nüsslisalat mit Frischkäsebällchen 10

Prosecco-Süppchen mit Rauchlachs 106

Randentatar 88

Rauchlachs-Gurken-Tatar 154

Risotto mit rotem Chicorée 70

Rohschinken und Melone mit Oliven-Crostini 112

Rohschinken-Carpaccio 22

Sauerkraut-Cremesüppchen mit Mostbröckli 166

Spinatsalat mit Speck 136

Steinpilzsüppchen mit Trüffelrahmhaube 28

Winzersalat mit Trauben, Speck und Schinken 46

Ziegenkäse, warmer, auf Radicchiosalat 82

Zitronengrassuppe 172

Hauptgerichte

Bouillabaisse, Ofen- 70

Entrecôte double auf Salzbett 28

Kalbsbraten in Senfkörner-Kräuter-Hülle 16

Kalbsbraten, geschmort, mit Morchel-Cherrytomaten-Sauce 184

Kalbsfilet in der Folie, Pfeffer- 106

Kalbsmedaillons, überbacken, an Schnittlauchsauce 136

Kalbsnuss mit Rosmarin und Earl-Grey-Jus 154

Kalbstafelspitz an Meerrettich-Beurre-blanc 40

Kräuterhuhn, provenzalisches 100

Kräuterlachs aus dem Ofen mit Zucchetti und Kartoffeln 53

Kräuter-Schweinsfilet mit Meerrettichbutter 167

Lammgigotbraten mit Knoblauch-Senf-Hollandaise 118

Lammhuft Burgunder Art 58

Lammrack mit Oliven-Kräuter-Kruste 160

Lammrückenfilet, mariniert 11

Lamm-Saltimbocca, Spicy 94

Lauch-Pot-au-feu mit Pouletbrüstchen 23

Paella, Blitz- 65

Pouletbrüstchen auf Linsen mit Schaumweinsauce 77

Pouletbrüstchen im Quarkteig an Schnittlauchsauce 34

Pouletbrüstchen, in Vanillesud pochiert, mit Cherrytomaten 124

Pouletbrüstchen, Senf- 148

Pouletcurry mit Tomaten 172

Pouletröllchen mit grünen Bohnen an Estragonsauce 112

Schweinsfilet an Balsamicorahm 47

Schweinsfilet mit Basilikum-Feta-Füllung 130

Schweinshuft, Rosmarin-, mit Pilzkruste 82

Schweinsspiesschen mit Salbei 143

Tomaten-Rindfleisch, im Ofen geschmort 88

Truthahnbrust im Gemüsebett 178

Beilagen

Bouillongemüse 167
Bundkarotten mit Petersilien-Zitronen-Butter 137
Cremige Polenta 47
Currykarotten 29
Folienkartoffeln 131
Gewürzkartoffeln 119
Gewürzreis mit Nüssen 173
Grappa-Zwiebeln 149
Kartoffelpüree, italienisches 179
Knoblauch-Stampfkartoffeln 89
Konfettireis 113
Linsenschnittchen 59
Lorbeerkartoffeln 11
Melonenrisotto mit Rucolapesto 95
Ofenreis, Mediterraner 107
Pistazien-Zitronen-Reis 125
Püree von weissen Bohnen 161
Quark-Spinat-Spätzli 83
Rouille 71
Spätzli mit Butterbröseln 185
Tomatenpolenta 143
Wildreis-Rösti, kleine 155
Wurzelgemüse, glasiert 41
Zucchetti-Bulgur 101
Zwiebel-Pilaw 17

Saucen, Vinaigrettes & Co.

Balsamicorahm 47
Earl-Grey-Jus 154
Estragonsauce 112
Gorgonzola-Dressing 76
Knoblauch-Senf-Hollandaise 118
Meerrettich-Beurre-blanc 40
Meerrettichbutter 167
Morchel-Cherrytomaten-Sauce 184
Orangen-Oliven-Vinaigrette 34
Petersilien-Zitronen-Butter 137
Rotweinsauce mit Champignons und Saucenzwiebelchen 58
Rucolapesto 95
Sauermilchsauce 142
Schaumweinsauce 77
Schnittlauchsauce 34, 136

Desserts

Ananas-Carpaccio 30
Äpfel, in Vanillebutter gedünstet, mit Sauerrahmglace 84
Aprikosenkompott mit Passionsfrüchten 114
Aprikosen-Vanille-Grütze 66
Avocadocreme 96
Birnen aus dem Orangensud 24
Bratapfel, geschichteter 186
Bratapfelcreme 36
Brombeer-Eiscake 180
Cappuccino-Eistörtchen 162
Erdbeer-Meringue-Eisbombe 108
Erdbeer-Tiramisù 156
Grapefruits, gefüllt 72
Grapefruitsalat mit Passionsfrüchten 18
Heidelbeersorbet, schnelles 138
Kaffeeflan 90
Krokant-Glacekugeln mit Himbeersauce 132
Lemon-Curd-Parfait 120
Mango, mariniert 174
Marroni-Cassata 168
Mascarponecreme mit Himbeeren 102
Orangensalat mit rotem Pfeffer 144
Orangensalat, mariniert 48
Orangen-Whisky-Creme 78
Pavlova, Eisige 150
Pfeffer-Mango, flambiert 60
Portweinzwetschgen 54
Schokoladenmousse mit Baileys 42
Syllabub mit marinierten Erdbeeren 126
Zitronencreme mit Mango 12

Verzeichnis der Tipps und Produktinfos

Ananas 30

Austernpilze 148

Avocados 96

Baileys 42

Blätterteigstangen hausgemacht 52

Bohnen, Weisse 161

Bourbon-Vanillezucker 54

Bratäpfel, geschichtet 186

Bratfolie 114

Brombeeren 180

Bundkarotten 136

Champignons 142

Eistörtchen 162

Entenbrust, geräuchert 130

Exoten richtig vorbereitet 174

Fenchel 34

Feta 184

Flan – so gelingt's 90

Filet füllen 130/131

Fleischextrakt 47

Frischkäse 102

Garam Masala 172

Grapefruit 72

Grenadinesirup 48

Hollandaise – so gelingt's 119

Ingwer 89

Joghurt & Co. 64

Kalbsfilet in Folie gegart 107

Kräuterhülle für Fleisch/Poulet 101, 155, 167

Krokant herstellen 132

Kruste, würzige, zum Überbacken 161

Kürbiskerne 10

Kürbiskernöl 40

Kurkuma 173

Lachs entgräten 53

Lammhuft 58

Lammrack 160

Langpfeffer 29

Lattich 76

Lauchsorten 23

Lemon Curd 120

Linsen, grüne 77

Löffelbiskuits 156

Lorbeerblätter 11

Mandeln, geschälte 178

Mango 60, 174

Mango – dekorativ geschnitten 60

Marinieren im Beutel 118

Marrons glacés 168

Medaillons vorbereiten 137

Meerrettich 41

Meringues 108

Morcheln, gedörrt 184

Orangenkonfitüre 78

Pancetta 94

Paniermehl 185

Passionsfrüchte 174

Peperoni 124

Pouletbrüstchen füllen 35

Pouletröllchen 113

Radicchio und Cicorino rosso 70

Randen aus dem Ofen 88

Rauchlachs 154

Reis, Parboiled 65

Reis-Rösti 155

Rohschinken 112

Rohschinken-Rosetten 100

Rosmarin 83

Safran 71

Salatspinat 136

Saltimbocca 95

Salzbett 29

Schaumwein 106

Schweinsnetz 166

Senfkörner 17

Silberzwiebeln häuten 59

Spätzli – ganz einfach 185

Suppe mit Blätterteigdeckel 28

Syllabub 126

Truthahnbrust 179

Vanillepaste 84

Verjus 46

Wildreismischung 155

Worcestershiresauce 179

Zestenmesser oder Zestenreisser 144

Ziegenfrischkäse 82

Zitronengras 172

Zitronenschaum (Syllabub) 126

Zitrusfrüchte filetieren 18

Zwiebeln füllen 149

Dank

Mein ganz besonderer Dank gilt allen, die mich bei der Arbeit an diesem Buch in vielen Belangen unterstützt haben: den Verantwortlichen von Globus Tisch & Küche, welche die Realisation dieses Buches durch die grosszügige Leihgabe von Geschirr, Gläsern und textilem Material tatkräftig unterstützt haben; natürlich und ganz besonders meinem Freund und Fotografen Andreas Fahrni, der wie immer meine Rezepte ins beste Kameralicht gerückt hat; unseren tollen jungen Köchen Tina Furer, Tobias Manz und Ursula Weber, welche die Gerichte nicht nur wunderschön gekocht, sondern auch kritisch begutachtet haben; der Stylistin Erika Kengelbacher, welche die Übersicht in Sachen Requisiten, aber auch bei den Menüteilen nie verloren hat; der Lektorin Monika Schmidhofer vom AT Verlag, die seit Jahren mein gutes Gewissen beim letzten Schliff eines Buches ist; dem Verleger Urs Hunziker für sein unerschütterliches Vertrauen in meine Arbeit. Und last but not least: meinem Mann Peter, der selbst in den Ferien nicht böse wird, wenn ich wieder mal die Finger nicht von einem Buchprojekt lassen kann, sowie meiner Tochter Florina Manz, die meine Arbeit seit Jahren mit viel Engagement und Inspiration begleitet – auch wenn es dabei gelegentlich so richtig «kracht»!

Annemarie Wildeisen im AT Verlag

Heissgeliebtes Backen

130 Rezepte süss und pikant

Das grosse Buch vom Fleisch-garen bei Niedertemperatur

Mit Saucen-Kochschule

Lauter Lieblingsgerichte

Rezepte aus meiner
Gästeküche

Lauter Lieblingsdesserts

Meine Expressküche
Neue schnelle TV-Rezepte

So koche ich jeden Tag
Meine schönsten neuen TV-Rezepte

Meine 100 besten TV-Rezepte
Einfach, schnell und raffiniert

Meine Sommerküche
Farben, Düfte und Aromen zum Geniessen

Schnell für zwei
Unkomplizierte Gourmetrezepte für jeden Tag

Gästemenüs zum Vorbereiten
Die schönste Art, Gäste zu verwöhnen

Gourmetmenüs aus dem Profi Steam

Fleisch sanft garen bei Niedertemperatur

Fleisch schnell garen bei Niedertemperatur
Kleine Fleischstücke sanft zubereitet

Fleischküche
Braten, Schmoren, Niedertemperaturgaren – Küchenpraxis
und 120 Rezepte

Fischküche
Meine 110 besten Rezepte

Gemüseküche

20-Minuten-Küche

Eine Prise Süden

GALA – Das Kochbuch

Vanille – Gewürz der Göttin
Geschichte, Geschichten und über 70 pikante und süsse Rezepte

Eiscreme, Glace, Sorbet
Die besten Rezepte

AT Verlag
Bahnhofstrasse 41
CH-5000 Aarau
Telefon +41 (0)58 200 44 00
Fax +41 (0)58 200 44 01
info@at-verlag.ch
www.at-verlag.ch